나의 삶, 나의 길

의대생 사형수 강종헌 이야기

나의 삶, 나의 길
의대생 사형수 강종헌 이야기

초판 1쇄 펴내는 날 2025년 10월 20일

강연 강종헌

기획 인권의학연구소, 고문트라우마연구회

만든이 백재중 조원경 박재원 김상훈

펴낸이 이보라   펴낸곳 건강미디어협동조합

등록 2014년 3월 7일 제2014-23호

주소 서울시 중랑구 사가정로49길 53

전화 010-2442-7617   팩스 02-6974-1026

전자우편 healthmediacoop@gmail.com

ISBN 979-11-87387-48-0 03300   값 14,000원

나의 삶, 나의 길

의대생 사형수 강종헌 이야기

강종헌 강연

인권의학연구소, 고문트라우마연구회 기획

건가
미디어
협동조합

일러두기

* 이 글은 인권의학연구소, 고문트라우마연구회가 주최한 '2025 유엔 고문피해자 지원의 날'
  기념 초청 강연 〈나의 삶, 나의 길〉 제목의 강종헌 선생님 강연을 정리한 것이다.
* 강연은 2025년 6월 26일 진행되었다.
* 질문자가 다수여서 질문자는 특정하지 않고 그냥 [질문]이라고만 표시하였다.
* 각주는 편집자가 넣었다.

"여러분의 참여로 이 책이 태어납니다.
씨앗과 햇살이 되어주신 분들, 참 고맙습니다."

강중구 고경심 권차랑 김미정 김성아 김정범 김정은(경기 시흥)
김정은(서울 용산) 김희정 나동규 류영준 박지설 박혜경 백재중 변혜진
유금분 윤주영 이강록 이화영 이희영 임종길 조원경 조혜영 최규진
최성우 최영희 최용준 편명신 인권의학연구소   (29명)

강연 **강종헌**

일본에서 태어나 한국에서 유학하였다. 서울의대 본과 2학년 재학 중 1975년 재일동포 조작간첩단 사건으로 구속되어 사형선고를 받는다. 13년 수형 기간 중 5년을 사형수로 수갑을 차고 지냈다. 석방 후 1989년 일본으로 돌아가 통일운동에 기여한다. 재심을 청구하여 2015년 대법원에서 최종 무죄 확정 판결 받았다.

기획 **(사)인권의학연구소**

2009년 설립된 비영리민간단체이다. 사회적 약자의 건강권 증진, 인권 피해자의 치유 지원, 인권에 기초한 건강한 사회 실현을 위해 연구, 교육, 의료 지원 활동, 의료인의 인권 의식을 높이는 교육 활동을 수행한다. 우리 사회에 인권의 중요함을 널리 알려 인권 침해가 발생하지 않도록 인권 옹호 활동을 진행한다.

기획 **고문트라우마연구회**(TTRS)

2023년 발족했다. 과거 국내 고문 피해자의 후유증에 대한 연구를 진행한다. 지금의 난민 신청자와 강제수용 인권침해 피해자의 고문 사실을 의학적으로 진찰, 평가하고 의학적 감정서를 작성하는 활동을 수행한다.

"우리는 하나입니다"

함 세 웅

인권의학연구소 이사장

《나의 삶, 나의 길》은 인간 존엄 선언문이며 강종헌 님의 화두입니다. 이 화두는 동시에 우리 모두를 향한 "너의 삶과 너의 길은 무엇인가?"라는 진지한 물음이기도 합니다. 그렇습니다. 우리는 끊임없이 스스로에게 되묻고 앞으로 나가야 합니다.

강종헌 님을 저는 1976년 3월 11일 서대문 감옥에서 만났습니다. 25세의 재일동포 청년이 간첩단 사건으로 엮여 왔다는 것입니다. 사형수이기에 늘 수갑을 차고 있었고 복도를 오갈 때마다 우리는 서로 눈인사를 주고받았습니다.

하루는 정이 많은 교도관이 "신부님들이야 출옥하면 성당으로 다시 가겠지만, 저 청년 학생들한테는 희망이 없으니 누가 보상해 주겠습니까?"라고 말했습니다. 그 말이 지금도 제 귓전을 때립니다.

그러나 저는 끊임없이 예수님의 십자가 죽음과 연계해 묵상하며 기도했습니다. 이 세상 모든 억울한 분들의 고통이 바로 그때마다 그 시대를 위해 보속하고 구원하시는 예수님의 새로운 십자가 고통과 희생이라는 사실을 실감하고 깨달았기 때문입니다.

20대에 감옥에 갇혔던 청년, 그는 이제 70대 후반의 노년이 되었습니다. 그 50년의 삶은 바로 오늘 우리 모두의 고통 그리고 민족의 고난이기도 합니다.

강종헌 님의 삶과 고난이 바로 우리 민족의 자화상이며 그의 투지와 희망이 우리 모두의 길잡이입니다. 이에 저는 고난받는 재일동포와 러시아의 고려인, 중국의 조선족, 쿠바, 하와이 등의 동포 모두를 마음에 품고 동족의 기도를 올립니다.

그래서 강종헌 님을 만날 때마다 재일동포 형제자매와 고난받는 모든 동포를 마음에 품고 기도하게 됩니다. 그리스도 신비체의 원리이며 남북의 일치와 화해의 선언인 "우리는 하나입니다"를 되뇌며 독자 모든 분과도 하나임을 새삼 확인합니다.

2025년 8월 15일 해방의 기쁨을 안고 분단의 아픔을 녹이며 광복 80년의 기도를 올립니다.

차례

강연을 시작하며,
인간의 존엄에 대해

여러분 반갑습니다. 내가 강연할 때는 서서 합니다. 그런데 지금 몸이 조금 불편해서. 작년 1월에 전립선암 4기 진단을 받았습니다. 항암 치료를 하고 지금도 치료를 계속하고 있어요. 그래서 앉아서 하면 몸은 편하지만 마음이 자꾸 나태해지는 것 같아서 서서 하길 원하는데, 오늘은 좀 앉아서 하겠습니다. 양해 부탁드립니다.

오늘 강연 주제는 〈나의 삶, 나의 길〉이라 정했습니다. 이야기의 열쇠 말은 '인간의 존엄'입니다. 인간의 존엄성에 대해서 스스로 경험한 것도 있고 해서 여러분께 말씀드릴까 합니다.

인권이란 관점 또는 가치에서 인간의 존엄이라는 말이 공식 문서로 처음 나온 것은 아마 1948년 12월 10일 유엔 세계인권선언이 아니었나 생각합니다. 세계인권선언 제1조에 이런 말이 나오죠.

[사진1] 강연하는 모습

모든 사람은 태어날 때부터 자유롭고 권리와 존엄에서 평등하다.

자유와 평등에 대한 규정을 새롭게 한 것인데, 원래 이 세계 인권선언의 내용은 프랑스 인권선언을 모체로 한 것으로 1789년 8월 프랑스 국민의회에서 나왔습니다. 프랑스 인권선언은 〈인간과 시민의 권리 선언〉이라고도 합니다.

제1조 인간은 태어나면서 자유롭고 권리에서 평등하다.

이때는 여기 존엄이란 말이 없었습니다. 프랑스혁명으로부터 한 160년 정도 될까요? 긴 세월이 흘렀습니다. 왜 인간은 2차 세계대전 후에 자유, 평등이라는 보편적인 인권의 가치에 더해 존엄이라는 말을 썼을까요?

아마 2차 세계대전 당시에 나치 독일의 홀로코스트라든가 대일본 제국의 아시아 침략, 식민지 지배와 주민 학살 등 엄청난 인권 유린이 다시는 나타나서는 안 된다는 관점에서 인간의 존엄이라는 말이 공식 문서에 나오지 않았나 싶습니다. 또한 프랑스 인권선언에는 굉장히 우리 귀에 익은 표현도 있어요.

제3조 모든 주권의 기초는 본질적으로 국민에게 있다.

대한민국 헌법의 핵심 가치와 통하는 개념이죠. 국민 주권이라는 개념도 이때 처음 나옵니다. 이왕이면 우리 헌법도 한 번더 복습을 하죠. 여러분 다 잘 아시는 내용일 텐데요.

1조 1항 대한민국은 민주공화국이다.
2항 대한민국의 주권은 국민에게 있고, 모든 권력은 국민으로부터 나온다.

오늘 재일동포의 삶, 재일동포들은 지금 어떤 사회에서 사는지 말하려는데 그러려면 일본이란 어떤 나라인가 하는 걸 여러분이 좀 더 상세하게 아시면 좋겠습니다. 그래서 일본 헌법제1조도 한번 비교해 보려 합니다.

제1조 천황(天皇)은 일본국의 상징이며 일본 국민 통합의 상징으로서 그 지위는 주권자인 일본 국민의 총의에 의거한다.

물론 여기에 국민 주권이라는 개념이 나오지만, 그것은 부차적인 것이고 어디까지나 일본 헌법 제1조는 천황에 대한 정의입니다.

천황은 국민 통합(위정자의 입장에서 보면 통치)의 상징이라고 했습니다. 그걸 일본 국민이 동의했다고 하는 거예요. 국민이 나라의 주인이 아니라 국민이 모시는 천황이 주인이라는 뜻이죠.

일본은 국민에게 주권 의식을 이렇게 애매하게 또 불완전하게 주입시키는 사회인데, 그렇다면 일본 국민이 일본에서 함께 사는 외국인들의 존엄성을 지켜주고 함께 살려고 하겠는가? 그런 마음은 굉장히 약합니다. 약할 수밖에요.

내가 일본에서 태어난 때는 1951년, 한반도에서 남과 북이 6.25 전쟁으로 가장 치열하게 싸울 때였습니다. 식민지 통치에서 벗어난 지 불과 6년밖에 안 되는 시기입니다.

일본이라는 나라는 역사를 반성하지 않는 나라입니다. 재일 동포는 어떤 존재인가? 몇 마디로 요약하기는 어렵지만 짧게 표현한다면 이렇게 될 것 같습니다.

과거를 반성하지 않는 식민지 종주국에서 오랜 세월 갖은 차별과 억압 속에 살면서 조국 분단의 아픔을 함께해 온 해외동포 집단을 말한다.

[사진2] 〈2025 UN 국제 고문피해자 지원의 날 기념 초청 강연〉 2025.6.26

과거를 반성하지 않는 나라니까 일본 국민은 식민지 통치가 잘못됐다, 식민지 지배는 아주 비인간적인 것이다, 이런 생각을 하기가 매우 어려운 것이죠.

그래서 조선인이나 한국인을 굉장히 열등한 존재로 인식하고 어릴 때부터 그런 분위기에서 일본 사람들은 살아갑니다. 지금은 많이 개선되었지만, 내가 나서 자란 유년 시절만 해도 조선인, 한국인에 대한 멸시와 편견이 엄청나게 심했습니다.

바로 그런 나라에서 매우 예민한 유년 시절과 사춘기를 보낸 우리 세대는 민족적인 긍지와 자부심을 갖고 성장하기가 몹시도 어려웠습니다.

그런 만큼 식민지 통치는 끝났지만 그걸 정당화하고 그런 인식을 계속 지켜나가려는 '식민지주의'는 여전히 일본 사회에 뿌리 깊이 남은 겁니다.

그래서 식민지주의를 청산하고, 해방 후에도 계속되는 분단 상황에서 우리가 사니까 그 분단 때문에 일어나는 많은 고통과 고민도 함께 풀어나가는, 그런 삶을 살아갈 뿐, 다른 방안을 찾기 어렵습니다.

하여 식민지주의의 극복과 분단 체제 해소는 우리 삶의 과제이면서 동시에 그것이 자신의 민족적인 정체성 확립의 과정이 되는 것입니다.

성장 과정

내가 유년기, 사춘기를 어떻게 보냈는지 사진을 통해 소개할까 합니다.

다음 면의 [사진3]이 저의 부모님이십니다. 아마 결혼하시기 직전의 사진 같아요. 아버지는 제주도에서 나셨고요. 일제 말기 1943년인가, 먼저 도일하신 할아버지를 따라서 일본으로 오셨어요.[1] 낮에는 공장에서 일을 하면서 중학교, 고등학교 그리고 대학까지 쭉 야간으로 다니셨습니다.

외할아버지는 일찍 일본으로 오셨기에 어머니는 일본에서 태어나신 2세입니다. 나는 아버지로부터 보면 재일동포 2세고

---

1. 아버지는 제주도 법환리 출신. 일제강점기 제주와 오사카 사이에 직항이 다녀 많은 제주인이 오사카로 넘어갔음. 해방 후 정기선은 중단되지만 밀항으로 넘어간 사람이 많음

[사진3] 부모님 모습

어머니로 보면 3세가 됩니다. 오사카의 야오시와 이쿠노쿠²에서 자랐습니다

우리에 대한 멸시와 편견이 심한 사회였지만 그래도 일본인 친구도 사귀고 장래에 대해 여러 꿈도 꾸면서 유년기를 보냈습니다. 초등학교 시절, 내가 야구를 굉장히 좋아했습니다. 야구 소년이었어요.

다음 면의 [사진4]는 저의 초등학교 6학년 때 모습입니다. 투수로 4번 타자였습니다. 야구는 주변에서 알아줄 정도로 잘했습니다. 공부보다 야구를 잘했죠. 그래서 이때는 장차 프로야구 선수가 되는 것이 꿈이었습니다.

일본 프로야구는 어떻게 보면 외국인 빼면 유지하기 어려운 스포츠예요. 일본 프로야구에서 제일 많은 승리를 거둔 것은 누굽니까? 카네다 쇼이치, 김정일이라는 재일동포입니다. 400승을 했죠. 지금도 깨지지 않는, 아마 영원히 깨지지 않을 기록일 겁니다.

그럼 일본 프로야구에서 가장 많은 안타를 친 사람이 누굽니

---

2. 일제강점기 제주에서 오사카로 건너간 제주인들이 많이 정착해 이 마을의 조선인 대다수가 제주 출신. 인근에 작은 공장들이 많아 이곳에 정착한 조선인들은 저임금과 열악한 환경에서 일함. 현재는 일본 최대의 코리아타운으로 한류를 타고 일본인들도 많이 방문하는 명소임

[위-사진4] 초등학교 6학년 야구부 시절, 앞줄 가운데

[아래-사진5] 중학교 2학년 육상경기부 시절 모습, 앞줄 왼쪽에서 두 번째

까? 하리모토, 장훈이죠. 3천 안타를 넘게 쳤습니다. 가장 많은 홈런 친 사람 누구입니까? 왕정치, 대만 사람입니다. 그러고 보면 식민지주의가 뿌리 깊은 사회에서도 스포츠 세계에서는 능력만 가지면 활약을 하고 인정받지요. 그러나 그건 극히 일부 아니겠습니까.

초등학교 때는 야구 선수였는데 중학생이 되니 야구를 하기가 싫어졌어요. 스포츠 세계는 상하 관계가 엄격하잖아요. 선후배 관계, 그런 것 때문에 귀찮아졌어요. 자유롭게 그냥 야구만 하고 싶었는데 내가 다니던 중학교 야구부는 규율이 좀 센 곳이었어요. 그래서 그만뒀어요.

옆에서 보니 육상경기부가 아주 자유로워 보였어요. 달리기도 그런대로 잘했기에 육상경기부에 들어가서 단거리를 열심히 뛰었습니다. 고등학교에서도 육상경기부를 계속하며 내가 주장을 맡았어요. 기록은 썩 좋지 않았지만 그냥 스포츠 소년, 청년으로 자랐습니다.([사진5], [사진7])

또한 그 당시는 일본에서도 포크송이 유행한 시기여서 나도 기타 치고 음악을 많이 즐겼습니다. [사진6]에서 함께 노래 부르는 둘은 일본 친구입니다.

고등학교까지 쭉 일본 학교를 다녔습니다. 일본 학교를, 그것도 일본 이름으로 다닌다는 건 성장하고 민족의식을 갖기 시작

[위-사진6] 일본인 친구들과 기타 치며 노래 부르는 모습, 왼쪽

[아래-사진7] 고등학교 3학년 시절, 앞줄 오른쪽에서 여섯 번째

하면서 엄청난 고민거리가 됩니다. 내가 일본인이 아니고 한국 사람인데 왜 진짜 이름을 안 밝히고 이렇게 살까, 그런 자괴심이 커졌습니다.

고등학교 2학년 때 담임 선생님이 한반도 문제와 역사에 대해 이해가 많은 분이셨어요. 세계사를 가르치셨는데 내가 그분 밑에서 고2와 고3, 2년 동안 공부했습니다.

그때 내 나름대로 각성을 했고 민족적인 자각도 높아졌어요. 사춘기는 식민지 통치라는 역사 배경과 민족 분단이라는 현재 상황 때문에 늘 고통스럽고 고민 속에 살아가는 나날이었습니다.

다시 말씀드리지만 일본 사회는 지금도 우리에 대해 과거 식민 통치를 받았던 민족이라는 것과, 늘 같은 편끼리 싸우고 대립하는 못난 민족이다, 그런 식으로 편견을 갖는 곳이죠. 그런 부정적인 역사와 현실을 어떻게 하든 극복하고 싶다는 생각을 늘 가졌습니다.

고등학교 3학년 때 담임 선생님의 도움으로 일본 이름이 아닌 민족명으로 다니기를 결심하고 학교와 교섭해서 학적부에 '강종헌'이라는 이름을 올리게 되었습니다. 이름만 바꿨을 뿐이지만 그래도 나에게는 이름을 되찾았다는 게 엄청난 용기를 주더라고요. 지금까지와는 다른 길을 내가 가겠다 싶을 정도로요.

내가 왜 일본 대학을 안 가고 모국 유학의 길을 선택했는가? 몇 번의 계기를 만났지요. 내게 엄청난 충격이었던 것은 열네 살, 중학교 2학년 때 겪은 외국인 등록이었습니다.

외국인 등록증을 만들기 위해 사진 한 장 가지고 구청에 가서 신고합니다. 내가 살던 동네는 동포들이 많이 사는 지역입니다. 일본 오사카 이쿠노쿠는 가장 많은 동포가 사는 곳입니다. 구청 직원들도 사무적으로 처리합니다. 열네 살 아무것도 모르는 소년이 구청에 가면 담당자가 어디 방구석에 데려가서 그냥 지문 날인을 시키는 겁니다.

사진과 지문 날인, 그걸로 등록증을 만들어요. 여러분들은 주민등록증을 계속 가지고 다니시니까 그게 별다른 일이 아니겠습니다. 하지만 나에게는 '아, 사진을 가져가고 지문까지 찍고 따로 분류된다는 게 도대체 무슨 뜻인가?' 엄청난 충격이었죠. '너는 일본 사람 아니다, 일본인이 아니다'라고 일본이라는 국가 기구가 아주 강력하게 뇌리에 각인시키는 거예요.

국적을 가지고 처음으로 존엄성이 짓밟히는 체험을 합니다. 존재 자체가 부정당하는 기분이었죠. 일본에서 살지만 '너는 이 사회의 같은 구성원이 아니다. 평등한 구성원이 아니다'라고요. 그런데 사진을 찍고 지문을 날인하고 등록하는 것이 어떤 의미인가 하는 걸 한참 후에야 알게 되죠. 그 진짜 뜻을, 본질을.

1975년에 보안사령부로 연행되니까 맨 처음 하는 것이 열 손가락 지문 날인과 사진 찍기입니다. 전과 기록이 존재하는지를 찾아보는 거예요. 한 인간의 생체 정보 특히 사진과 지문 채취는 범죄자 취급을 하는 겁니다. 범죄인 또는 우범자로 분류하는 거예요.

지문 날인 제도는 범죄를 저지를 가능성을 전제로 일본 정부가 우리 재일동포뿐만 아니라 다른 외국인들도 그런 식으로 취급한 것입니다. 같은 존재로, 대등한 존재로 보지 않는 거예요. 그것이 나한테는 첫 번째 사례였습니다.

그리고 고등학교를 마치고 방황을 많이 했죠. 내가 어떤 존재인지, 내 정체성을 확립하기 위해 많이 고민했습니다. 이름은 겨우 찾았지만 내가 우리 말을 아는가, 역사와 문화를 아는가? 물론 일본에 살면서 열심히 노력하면 우리 말을 배우고 우리 역사나 문화적 정서도 배우겠죠.

하지만 내가 중요하게 생각했던 것은 조금 달랐습니다. 나와 같은 세대, 내 또래 모국의 청년들이 어떤 생각을 하며 어떤 사회를 만들려고 하는가, 어떤 이상을 가지고 살아가는가, 어떤 고민을 하는가, 그런 걸 함께 공유하고 싶었습니다.

시대 정신이라 할까요, 그러한 의식과 삶의 공유는 일본에서

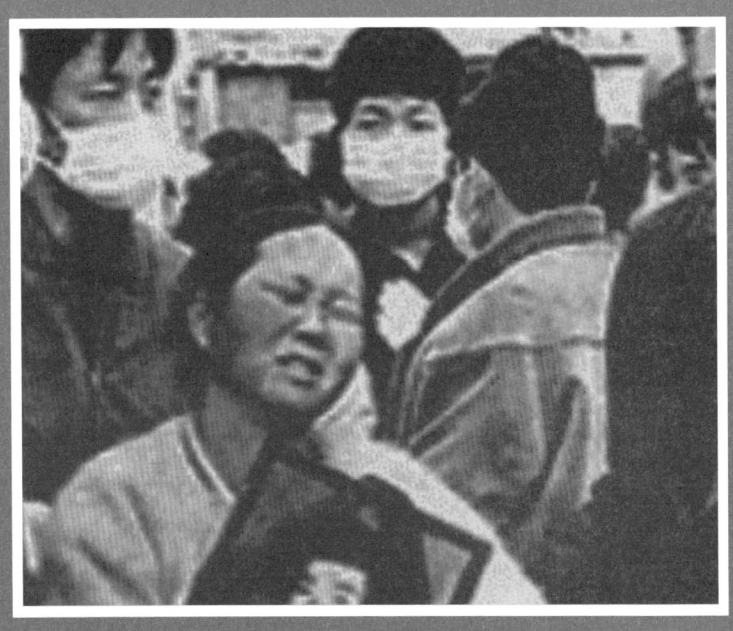

[사진8] 전태일 열사 영정을 안고 있는 어머니 이소선 여사의 모습

는 힘들 것 같았어요. 기회도 만나기 어렵고 마음으로 느끼기도 어렵고요. 그러던 차에 1970년 11월 13일, 일본 석간의 아주 작은 기사로 전태일 열사의 분신 소식 보도를 접했어요.

충격이었습니다. 나보다 세 살 연상이시지만 그래도 나와 같은 세대의 청년인데, 얼마나 많은 고민을 하고 얼마나 괴로웠으면 자기 몸을 스스로 바치면서 노동자의 권리를 위해 싸웠을까?

그런 고민을 함께하고 더 나은 세상을 만들기 위해서는 어떻게 해야 하는가? 그런 이념, 이상을 함께 나누기 위해 내가 유학을 가야겠다 싶었습니다.

일본에서는 그런 시대정신을 피부로 느끼기 어려웠지요. 같은 공기를 마시고, 같은 물을 마시고, 함께 이야기하고, 술도 마시고, 또 다투기도 하고, 그렇게 함께 사는 것이 진정한 삶이 아닌가 싶었어요. 그래서 열아홉 살 때 처음으로 현해탄을 건너 우리나라를 찾았습니다.

모국 유학의 길

처음 6개월 동안은 우리 말 공부를 합니다. 당시 서울대학교 공과대학[3]에 재외국민교육연구소라는 교육기관이 존재했어요. 거기서 우리 말과 문화와 역사를 가르쳐주었는데 거기를 6개월 동안 다닙니다.

당시 서울의대 캠퍼스에는 기숙사가 두 곳 운영되었습니다. 하나는 '정영사'로, 거긴 서울대학교의 우수한 학생들이 들어가는 곳이에요. 박정희 '정' 자에다가 육영수 '영' 자를 붙여서 '정영사'라고 했어요. 엘리트들만 들어가는 곳이지요.

그 옆의 '왕용사'라고 재일동포가 돈을 내서 만든 기숙사로, 희망하는 동포 학생들은 들어갔습니다. 저는 매일 아침에 기숙

---

3. '서울대종합화계획'에 따라 흩어졌던 단과대학들이 1970년대 중반 현재의 관악캠퍼스로 이전. 노원구 공릉동의 공과대학도 1980년 관악으로 이전. 의과대학은 이전하지 않고 지금의 대학로 연건동에 그대로 존치

사 언덕을 올라가 버스 정류장에서 40분 정도 버스 타고 공부하러 갔어요.

그런데 언덕을 쭉 올라가다 보면 매일 아침 만나는 광경은 이러했습니다. 몹시 가난해 보이는 사람들. 제대로 목욕도 안 하고 입는 옷도 변변치 않은 사람들이 의대 구내에 한 10명, 20명 정도가 늘 보였어요. 처음에는 어떤 사람들인지 몰랐습니다.

그러다 하루는 하얀 가운을 입은 직원이 '이리 오시오' 하고 부르는 거예요. 사람들이 천천히 걸어가서 피를 뽑히는 거예요. 매혈을 해 생활하던 사람들이었습니다. 그만큼 당시 우리나라가 가난한 사회였습니다. 먹고 살기 위해 자기 피를 팔았는데, 그런 사람들이 쭉 줄 서서 불리기를 기다렸던 거예요.

일본에서 와 아무것도 모르는, 말도 제대로 모르는 청년이 매일 아침 그 광경을 보면서 우리 말을 배우러 갑니다. 그때 마음먹었습니다. 이 현실을 외면하고 나 혼자 잘 사는 존재가 된다면 나는 사람이 아니라고 생각했습니다. '내가 의사가 되면, 어디에서라도 이분들을 위해 어떻게든 봉사하지 않겠는가.' 그래서 원래 문과 계통에 다녔었는데 의사가 되겠다고 이때 마음먹었습니다.

고등학교 때부터 사회과학에 관심이 많았기에 우리나라 민주화운동에 대한 공감은 누구보다 강했다고 자부합니다. 내 나름대로 자료도 모으고 공부도 하고 생각도 많이 했는데. 유학을 와서 보니 학생들이 정말 헌신적으로 박정희 군사 독재와 싸우고 민주화를 이루려고 운동하더군요. 함께하지는 못했지만, 늘 같은 마음으로 생활했었습니다.

민주화운동에 대한 공감은 쭉 품었죠. 그래서 서울의대 본과 올라가서 사회의학연구회(사의연)[4]의 존재를 알게 되었습니다. 또 그런 심정이었기에 정치나 사회 문제에 관심 많은 학생들을 친구로 사귀었지요. 동료들 권유로 나도 학습 모임에 나갔습니다.

많이 배웠습니다. 의대 동료들이 얼마나 진지하게 고민하고 더 나은 사회를 만들기 위해 의사로서 고민하고 새로운 길을 찾던지요. 그런 것을 통해 나는 갈등을 많이 느꼈고 배운 것도 참 많았습니다. 저는 늘 말석에 앉았습니다. 내가 그 친구들에게 영향을 주거나 하지는 않았고 항상 배우는 입장이었죠. 말석에서 동료들과 같이 공부하고 그랬습니다.

---

4. 1970년 9월 14일, 서울의대 본과 2학년 20여 명, 1학년 10여 명이 모여 창립대회, 초대 회장은 심재식, 부회장 고원순. 보건의료운동을 지향하며 학술활동, 노동현장 실태 조사, 공해 문제 조사, 무의촌 진료 활동 등을 펼침. 유신체제가 본격화하며 회원들이 반독재 활동에 참여하여 정부 탄압도 심해짐. 강종헌 등의 재일동포 조작간첩단 사건이 터져 활동이 위축됨. 초기 회원들이 졸업하고 사회에 나와 지역 활동을 기획하여 시흥시 대야리에 신천연합의원 설립함. 이후 조직으로서 사의연 활동은 마감(최규진, 《한국 보건의료운동의 궤적과 사회의학연구회》 한울 2016)

그러다 1975년이 되니까 세상이 굉장히 시끄러워졌습니다. 박정희가 1972년에 친위 쿠데타로 유신체제를 만들었는데, 권력을 계속 유지하겠다는 것이 학생들 입장에서는 용납이 안 되는 거죠. 개헌하고 종신 대통령을 해 먹겠다는 게 도저히 용납 안 되니까 학생들은 민주화를 위해 치열하게 싸웁니다. 1975년 초반부터 학생운동 열기가 대단했습니다.

전국 각지에서 민주화 시위가 일어나는데 정부가 대통령 긴급조치로 아무리 잡아가고 탄압해도 제대로 통제가 안 되는 거죠. 긴급조치로 학생들과 민주 인사들 구속시켰다가 얼마 안 가서는 대부분 석방해야 했죠. 국제 여론도 일어나고 또 자기네 장기 통치를 위해서는 때로는 완화 정치도 해야 하니까요.

워낙 골치 아픈 상황이던 1975년 4월 30일, 같은 분단국가였던 베트남에서 북이 남을 무력으로 통일시키면서 전쟁이 끝났죠. 그 일은 박정희 체제에 엄청난 공포였어요. 당시만 해도 북이 남보다 군사력이 강했으니까요. 경제적으로도 우열을 따지기가 힘든 상황이었지요. 언제 우리도 월남처럼 당할지 모른다, 그런 위기의식이 매우 강해졌다고 봅니다.

그런 위기 상황을 돌파하기 위해 독재정권이 늘 쓰는 상투적 간계가 북을 평계로 삼아 공포 통치를 하는 거죠. '북의 지령을 받은 학생들이 날뛴다. 반국가 세력이다'라고 날조하여 간첩 사건을 만드는 것이 제일 손쉬운 방법이죠.

그렇지만 사회의학연구회 안에서 주도적인 국내 학생들을 주범으로 만들어 봐야 작품이 안 되는 겁니다. 한편 제일 말석에 앉는 나를 주범으로 하여 각본을 만들면 그림이 되는 거죠. '일본에 있을 때부터 조선 총련(조총련) 또는 북을 통해 지령받던 자가 모국 유학생을 가장해 침입하고 학생들을 선동해 조직을 만들었다.' 그렇게 그림을 만듭니다.

1975년 11월부터 다음 해 1월에 걸쳐 전국 주요 대학에서 조작 간첩단 사건[5]이 만들어집니다. 수사기관과 독재 권력이 가장 손쉽게 이용 가능한 존재가 바로 재일동포 유학생이었습니다.

---

5. 1975년 11월 22일 유신정권은 '학원 침투 북괴 간첩단 사건'으로 재일동포 10여 명을 포함 21명을 간첩으로 발표하고 구속함. 이 사건의 수사 기획자가 당시 중앙정보부 대공수사국장 김기춘. 이어 1975년 12월에는 보안사가 재일동포 유학생들을 추가로 구속. 이재명 대통령은 2025년 8월 23일 일본 방문 중 재일동포 간담회에서 '간첩 조작사건'으로 피해를 본 재일동포들에 대해 공식 사과

고문과 사형수 생활

처음에는 보안사령부로 연행되었는데 나는 거기가 보안사인 줄도 몰랐습니다. 남산[6]인가 싶었는데 연행될 때 그냥 머리 박으라 해서 서울 시내 어디로 가는지도 몰랐어요. 나중에 보니 보안사령부의 아지트 같은 민가였어요. 조사하고 고문도 하는 그런 장소였는데, 보안사 본부가 있던 서빙고로 넘어간 것은 1차 조사가 끝나고 한 달쯤 지나서였습니다.

나는 보안사령부로 연행되었지만 그렇게 오래 걸리지 않으리라고 쉽게 생각했었죠. 너무 어리석었습니다. 물론 일본에 가면 총련 산하단체에 속하는 친구나 선배들이 있습니다. 그 사람들을 만나 대화하지만 그들이 내게 어떤 지령이나 임무를 주고, 내가 그 사람한테 공작금 받고 보고하는 그런 관계는 전혀 아니었죠.

---

6. 당시 정부기관인 중앙정보부(중정)가 있던 곳

또 학생운동과 민주화운동에 대한 공감은 강했지만 내가 그 속에서 주도적 역할을 한 것도 아니고 나는 그저 제일 말석을 지키는 구성원에 불과했습니다.

그러나 보안사는 단단히 벼르던 중이었지요. 나를 주범으로 만들고 조작 사건을 완성 시키기 위해 엄청난 고문과 모든 잔인한 방법을 동원했습니다. 지금도 돌이켜 생각하기조차 싫을 정도입니다. 인간이 그런 엄청난 폭력을 겪게 되면 공포심밖에 안 남아요.

처음 며칠 간은 원시적인 구타를 몇 시간씩이나 하는데, 밤낮으로 계속 매를 맞았습니다. 그것으로도 스물네다섯 청년으로서는 제정신이 아니게 되지요. 공포심만 남았습니다. 그런데 고문 강도가 날이 갈수록 강해지는 거예요. 물고문도 하고 전기고문도 하대요. 어느 정도 그림이 만들어졌을 텐데도 계속 고문을 가해요. 왜 그렇게까지 하는지 이해가 안 갔습니다.

나중에 깨달았는데 인간을 완전히 파괴하기 위해서였습니다. 다시는 권력에 저항하지 못하도록 의식과 양심을 완전히 죽이는 거예요. 몸도 죽이고 마음도 죽이고 인간의 존엄과 의지를 완전히 꺾어버리는, 패배자로 만들어 버리는 그런 작업입니다.

지금까지 뺨 한 대 맞아보지 않은 나약한 학생이 원시적인 폭력 앞에 놓이게 되면 정말 무력합니다. 인간은 너무 비참하고 고통스러운 체험을 하면 무의식적으로 그 기억을 사라지게 만드는 것 같습니다. 그래서 내가 연행되고 계속 고문받던 시기 기억이 분명하지 않습니다.

어느 장소였는지 언제 어떻게 맞았고 언제부터 물고문을 받고 전기고문을 받는지 정리가 잘 안돼요. 인간은 너무 고통스럽고 비참한 경험을 하게 되면 무의식적으로 스스로 기억을 지워버리지요.

50여 일 동안 보안사령부에서 인간의 존엄이 산산조각으로 파괴된 상태로 서울구치소로 이송됩니다. 그때가 1976년 1월 중순, 참 추운 때였죠. 영하 17-18도 되는 추위였습니다. 저는 몽롱한 정신으로 휘적거리며 독방에 들어갔습니다.

고문의 트라우마는 이루 표현 못할 정도였습니다. 저녁이 되면 1.75평 방에 전깃불이 들어와요. 그 순간 온몸에 전율이 들어요. 바짝 긴장돼요. 전기 고문의 기억이 살아나서요. 그리고 내 방이 세면장에서 조금 떨어졌는데도 수도꼭지 트는 물소리만 들어도 공포심 때문에 어쩔 줄 모르겠어요. 물고문 생각이 나서요. 고문이라는 게 그런 겁니다.

사람이 견딜 수 있는 거는 고문이 아니에요. 못 견디니까 고문이라고 합니다. 참을 만한 건 그냥 강력 수사지요. 우리가 겪었던 것은, 정말 같은 인간이 인간에게 어떻게 이다지도 잔인해질까 싶을 정도였죠.

　감옥 이야기를 좀 할까요? 감방 안에는 시계가 없습니다. 달력도 없어요. 시간의 감각을 완전히 뺏어버려요. 당국이 시간과 공간을 장악하고, 수용자에게 주어지는 것은 늘 반성하라, 반성하라, 개과천선하라, 그런 것이죠. 오늘이 며칠인지 모르고 몇 시인지도 모르고. 인간이 살아가는 데 시간의 개념을 빼앗긴다는 것은 참으로 괴롭습니다. 수감 후에는 앞으로 계획을 세우지 못하는 거예요.

　감옥이라는 데가 희한한 게 처음 들어가서 며칠 간은 계속 꿈을 꾸는데 밖에서 자유롭게 지냈던, 친구들과 어울려 재미있게 놀았던 그런 꿈을 꿉니다. 자유를 갈망하는 간절한 마음이죠. 그런데 일주일 지나고 열흘 지나고 한 달쯤 되면 꿈을 꾸어도 형무소 안에서의 꿈만 꾸게 되어요. 마음이 갇혀버리는 겁니다.

　고문의 트라우마가 계속 남아서 그냥 교도관들이 명령하는 대로 행하는 인간으로 변해 버려요. 서라면 서고 앉으라면 앉고. 검찰 조서도 그렇게 시키는 대로 쓰고. 모든 걸 인정하니 재판은 일사천리로 진행됩니다. 1심 재판에서 검사가 사형을 구형합니다. 그런데 왜 사형인가 이유를 말해야 될 것 아닙니까? 구형의 논거로 그때 담당 검사가 이런 이야기를 했습니다.

대한민국은 반공을 국시로 하는 나라다. 반공을 국시로 하는 나라에서 피고 강종헌과 같은 공산주의자, 북의 간첩은 생존을 허용 못 한다. 그래서 사형을 구형한다.

저는 사형이라는 말의 공포보다 '너는 이 땅에서 존재를 허용 못 할 인간이다'는 말이 충격이었고 서글펐습니다.

나는 내 벗들과 함께 더 좋은 사회를 만들고 싶어서, 일본 사회의 차별과 멸시가 싫어서 조국을 찾아왔지요. 그런데 이 나라가 나에게 '너는 여기서 살 수 없다. 살게 할 수 없다. 생존권을 인정할 수 없다'라는 거예요. 그 이유가 '여기는 반공을 국시로 하는 나라다. 너는 빨갱이다. 북의 간첩이다.'

나는 도저히 이해 못 할 이유인데 그렇게 해서 사형이 구형됩니다. 그 말을 들은 순간 정신이 바짝 들었습니다. 이대로 죽을 수는 없다. 이 엄청난 조작에 말이라도 똑바로 하고 죽어야 한다는 생각이 들었습니다.

오후에 최후 진술할 시간이 주어지는데 그 당시 법정은 자유로이 진술할 시간도 분위기도 보장되지 않았습니다. 서툰 우리말로 몇 마디 하면 '알았어. 알았어. 그만해'라고 판사가 제지해요.

'나에게 사형을 주는데 내가 간첩 행위를 한 것도 없고 이해가 안 간다. 부당하다. 내 동료들이 이렇게 많이 잡혀 왔는데 이 친구들이 무슨 죄를 지었냐? 나를 친구로 사귄 것 외에 무슨 죄냐?' 그 이야기를 하려는데 판사가 '됐어, 됐어, 알았어, 그만하라' 하고 제지하여 1분도 말을 못 하고 끝나 버렸어요.

하나 또 기가 막혔던 것이 사형을 구형받고 구치소로 돌아가서는 바로 보안과장실에 불려갔습니다. 과장이 훈계하는 거예요.

[보안과장] 너 오늘 사형 구형 받았지?

[강종헌] 예 받았습니다.

[보안과장] 구치소 규칙으로 사형을 구형받으면 수갑을 채우게 돼 있다. 그러나 오해하지 마라. 이건 너의 생명을 지키기 위한 것이다. 비관해서 자살하거나 극단적인 생각을 할지 모르니까 너의 생명을 지키기 위해 수갑을 채운다. 24시간 이렇게 채운다. 좀 불편하겠지만 참아라. 필요할 때는 교도관한테 이야기하면

한쪽은 풀어준다.

밥 먹을 때, 옷을 갈아입을 때, 화장실에 갈 때 풀어주긴 풀어주더라고요. 그런데 그 보안과장의 말이 참 한심하구나 싶었습니다. 오전에는 검사가 '너를 이 땅에 살게 할 수 없으니 국가가 목숨을 빼앗아 버린다. 생존을 허용할 수 없다'고 했지요. 오후에는 구치소에서 네 생명을 지키기 위해 수갑을 채운다고 하는 거예요.

내 마음대로 죽을 수도 없다는 거 아닙니까? 한 인간의 목숨을 갖고 이렇게 장난치는 사람들에게 내가 결코 굴복하지 않겠다고 그때 마음먹었습니다.

1976년 7월, 1심 판결은 사형이었습니다. 2심에서도 사형이고 대법원에서도 사형입니다. 나는 법정에서 사형이라는 말 외에 다른 말은 들어본 적이 없는 사람이었습니다. 1977년 3월 15일, 사형 판결이 확정됩니다. 사형수가 된 것이죠.

그때로부터 36년이 지나 서울고등법원 재심 공판에서 무죄 판결이 나왔습니다. 36년이면 일제가 우리 땅을 지배했던 세월이에요. 그 정도 세월이 흐르고서야 사형이라는 말 외 처음으로 다른 말을 들었습니다.

[사진9] 서울의대 본과 2학년 모습, 1975년

수갑을 차고 살아보니까 참 기가 막히더라고요. [사진9]는 제가 잡히던 해인 1975년 서울의대 본과 2학년 때 학교 앞에서 찍은 것입니다.

[사진10]은 같은 1975년 10월 모습입니다. 관악캠퍼스에서 처음으로 서울대학교 체육대회가 벌어졌어요. 그때 내가 100미터에서 1등 했습니다. 다음 해부터는 참가를 못 했습니다. 감옥에 들어가는 바람에요. 이렇게 펄펄 뛰고 운동 좋아하는 놈이 수갑을 차고 묶여서 사는데 참 미칠 것 같더라고요.

수갑이라는 게 무서워요. 어느새 마음이 다 묶여 버리지요. '할 수 없구나. 포기해야 되겠구나.' 약해지는 거예요. 인간은 갇혀 사는 것만 해도 굉장히 고통스럽습니다. 가족도 못 만나고 밖에 자유롭게 못 나가고, 갇혀 사는 것이 인간으로서 무척 고통스러운 거예요. 거기에 더해 묶여 살게 되면 인간의 존엄이고 뭐고 없습니다. 짐승처럼 사는 거예요.

아마 대한민국에서, 또 교도소 안에서도 가장 낮은 자리를 내가 차지하였던 겁니다. 그런데 인간은 가장 밑바닥에 처했을 때 그 사회와 제도의 본질과 모순을 뼈저리게, 가장 정확하게 체험하게 됩니다.

사형수 신분으로 나는 내 나라 대한민국이 어떤 나라인지, 이

[사진10] 서울의대 본과 2학년 체육대회 모습, 왼쪽에서 네 번째 선두

사회 모순이 무엇인지, 문제가 어떤 것인지 매일매일 조금씩 배웠던 거지요.

사형수로 묶여 사는 세월이 나한테는 인간의 시간이 아니었습니다. 짐승의 시간이었습니다. 스물네 살에 구속되고, 1976년 6월, 스물다섯 살에 사형 구형을 받았습니다. 1982년 3월에 무기징역으로 감형받을 때까지 약 6년 가까이 묶여서 살았습니다. 그저 짐승처럼 살고 짐승처럼 살아 남았습니다.

이러한 잔인한 제도가 지금은 없어졌다고 하니 다행입니다. 사형 집행을 안 하지만 지금도 사형수가 우리나라에는 존재하죠. 그래도 나처럼 묶여서 살지는 않을 것입니다. 그 당시 우리나라 인권이 어느 정도 수준이었는지 시사하고도 남을 사례입니다.

김지하 시인을 기억합니다. 그분도 민주화운동을 하다 감옥에 갇히고 오래 고생하셨죠. 그분과 운동 시간에 한두 번 스쳐 지나갔었죠. 그분이 말년에 심경의 변화를 좀 보이셨습니다. 박정희 독재 정권 때 고생했던 분이 박근혜를 지지하고, 그렇게 입장 변화를 보이셨지요.

그래도 그 당시 내가 함께 지냈던 김지하 님은 진정한 민주

투사이자 참으로 탁월한 서정 시인이었습니다. 많은 시를 지으셨고 그 시들 중 하나가 〈묶인 손들의 기도〉라는 시였어요. 그 시를 박형규 목사님이 나에게 알려 주시더라고요.

박형규 목사님, 문익환 목사님 그런 분들과 함께 같은 시기에 옥살이를 했어요. 박형규 목사님은 제 바로 옆방에서 몇 달을 같이 지냈습니다. 그때 사형수인 나를 위로하고 격려해 주시고, 김지하의 〈묶인 손들의 기도〉 시를 알려 주셨습니다. 다 외우지는 못하는데 이런 구절을 기억합니다.

너무도 오래오래 사슬에 묶인 손들
너무도 긴 세월 애원에 묶인 손들
아무도 다정하게 잡아보지 못했네
아무도 뜨겁게 안아주지 못했네

이런 내용이었다고 생각해요. 바로 그런 것이 우리의 처지였습니다.

많은 분, 특히 일본의 내 친구들이 구원 운동을 열심히 해 주었고 국내에서도 도와주시는 분들이 계셨어요. 처음에는 우리가 외면당하고 무시당하는 소외되는 존재였지만, 1980년대 들어서면서 재일동포 양심수들과 조작간첩 사건에 대한 인식이 새로워졌죠.

국내 인권단체, 특히 종교 단체, 가톨릭에서 많은 지원을 해주셨습니다. 그분들이 지켜주셔서 우리가 살아남은 거예요. 사형에서 무기로 감형받고, 무기에서 유기로 또 감형받고, 13년 만에 나는 대구교도소에서 가석방됩니다.

감옥살이하면서 많은 것을 배웠죠. 그러나 참 버티기 어려웠던 시기이기도 합니다. 김효순 한겨레신문 기자가 우리를 취재하고 《조국이 버린 사람들》[7]이라는 책을 냈습니다. 조국이 버린 사람들의 고난과 외침을 김효순 선생께서 참 헌신적으로 정리하시고 책으로 내셨습니다.

그 어려움 속에서도 내가 끝까지 희망을 버리지 않았던 이유는 딱 한 가지입니다. 우리가 잡힌 후에도 계속 청년들, 학생들이 감옥에 들어오는 것을 봤습니다. 그들이 왜 들어올까요? 사회에 대한 모순을 느껴도 학생들은 그냥 공부하고 졸업하면 사회에서 엘리트 아닙니까? 생활이 보장되죠. 일류 기업에 들어가든 사업을 하든.

---

7. 김효순 《조국이 버린 사람들-재일동포 유학생 간첩 사건의 기록》 서해문집 2021

그런데 그 길을 마다하고 보다 나은 사회를 함께 만들고 싶어서 개인의 안락과 행복이 아니라 더 나은 인간 사회를 만들려고, 공동체 사회를 만들려고 감옥의 길을 선택하는 겁니다. 학생들, 청년 노동자들의 그 모습을 보면서, 조국은 나를 버렸지만 나는 이 나라에 대해 희망을 버리지 않았습니다.

이 나라에는 미래가 있다, 자기 개인의 안락과 행복을 위해 살지 않으려는 사람들이 수없이 많이 감옥에까지 들어온다, 그렇다면 이 나라의 미래는 밝고 희망찬 것이 아닌가, 그래서 나는 버텼습니다. 그 생각이 틀리지 않았음을 그 후의 역사로 체험합니다.

2024년 12월 3일 윤석열 계엄 사태 이후 우리가 지켜낸 민주주의 모습을 떠올립니다. 많은 시민이 각자 생각이 다르지만 자기가 할 수 있는 일을 다 함으로써 쿠데타를 막아내고 민주주의를 지켜냈습니다. 그것은 역사의 축적입니다. 민주화를 진전시키면서 우리가 쌓아 올린 대한민국 민주주의의 값진 자산입니다.

나의 수감 당시에는 그런 말로 표현 못 했지만 본능적으로 느꼈습니다. 이 사회에는 희망이 존재함을. 그래서 13년이라는 세월, 나는 내 청춘을 조국의 감옥에 묻었던 것입니다. 그것은 분단의 아픔을 함께한 재일동포로서 내가 마땅히 해야 할 일이었습니다.

남에서 살든 북에서 살든, 그리고 해외에서 살든 분단 현실을 외면하고 거리를 둔다면 우리의 삶은 어떤 의미와 가치를 가질지요.

어디서도
환영받지 못하는 존재

우리 동료 중에 석방되어 모국에 남아 사는 분도 계십니다. 그러나 나는 내 출발점이자 내 가족이 사는 일본 땅에 돌아가서 다시 한번 길을 찾아보자 그런 생각이 들었기에 일본으로 갔습니다.

일본으로 가는 게 또 쉽지가 않더군요. 그전에는 일본 거주권이 있었습니다. 협정 영주권이라는 것이 1년 기한밖에는 유지가 안 되는 거예요.

일본에 살던 영주권자가 외국으로 나가면 그곳이 자기 모국이더라도 다시 돌아가는 데 허가가 필요합니다. 재입국 허가라고 하는데요. 그 유효기간이 1년이에요.

그때는 1년 이내 못 돌아가면 일본에서의 거주권이 말소되는 거예요. 지금은 제도가 바뀌어 4년 내지 5년의 유효기간을 두는데, 1975년 제가 구속됐을 때는 1년이었습니다.

그런데 1년 이내에 돌아가지 못했으니 일본의 내 거주권은 말소된 거지요. 그러니 석방되고 집으로 가는 길이 생각보다 험하더군요.

신규 입국 절차를 밟아야 한다는 거예요. 그래서 가족이 나를 초청하는 형식을 취했습니다. 그리고는 일본에 들어간 후 생활이 보장된다는 증명이 필요했어요. 부득이 내 일본 친구가 나를 직원으로 고용하니 생계는 가능하다고 보장했죠.

게다가 일본 정부가 내 사건의 내용을 상세히 알아야 하니 판결문을 일본어로 번역해서 내라는 그런 굴욕적인 절차도 거쳤어요. 여러 서류를 준비해 일본 대사관을 통해 비자를 받아야 했습니다. 그것도 서너 달 걸렸어요. 그리하여 비자를 갖고 일본으로 갔네요.

당시는 인천이 아니라 김포공항을 통해 일본 오사카로 가서 입국 관리사무소에서 심사를 받았습니다. 일본 입국 관리사무소 직원은 굉장히 관료적이고 오만합니다. 자기들 사인 하나로 입국을 하기도 하고 강제로 추방당하기도 하게 되니 엄청난 권한을 행세하는 게죠.

창구에 가니까 '당신은 무엇 때문에 일본에 왔는가?'라고 물어요. 나는 '여기서 나서 자랐고 가족도 여 습니다'고 했더니 '당신의 거주권은 이미 말소돼서 없어요.' 그렇게 이야기하는 거예요. 그래서 비자와 모든 것을 다 보여 주니 검토하고서 내리는 판단이 '1년간 특별 체류 허가서를 내주겠다, 1년 후 다시 와서 수속하라'는 거예요.

그전에는 내가 한일협정 영주권을 보유하였습니다. 체류자에 따라 여러 단계가 있는데, 협정 영주권은 제일 높은 지위이며 특별 체류 허가는 가장 낮은 자리예요. 그러니 일본에서도 내가 밑바닥에서 재출발하게 된 거지요.

앞에서 이야기했듯이 사회의 가장 낮은 자리에서 보면, 그 사회제도의 모순과 문제점을 피부로 느끼게 됩니다. 일본 입국 관리 체제가 얼마나 비인간적인 것인가부터 실감하였습니다. 몇 년 전에는 한 스리랑카 여성이 입국 관리사무소에서 부실한 처우를 받고 병도 제대로 치료받지 못해 목숨을 잃었습니다. 그런 사건이 부지기수입니다.

내가 일본으로 돌아간 1989년은 지금보다 훨씬 못한 상황이었어요. 아무튼 좋아요. 1년씩 내가 이렇게 살아보겠다, 하면서 들어갔네요. 1년 후에 다시 수속을 밟고 연장을 해요. 그 사이에 결혼을 했습니다.

그런데 배우자가 협정 영주권자예요. 이제는 영주권자의 배우자로 분류되어 1년이 아니라 2년 또는 3년 정도의 체류 허가

기한이 주어집니다.

그러다 별 문제 없다 싶으면 일반 영주권자로 분류됩니다. 가장 높은 단계로 특별 영주권자라는 게 있습니다. 식민지 때부터 계속 일본에 살았던 자와 그 후손들은 특별 영주권자로 분류되죠.

나도 사건이 없었으면 그 분류에 속할 대상인데 본의 아니게 기한 내에 못 돌아간 거죠. 그렇게 바닥에서부터 시작해서 지금은 일반 영주권자가 되었습니다.

일반 영주권과 특별 영주권이 무엇이 다른가? 해외여행이나 한국에 가끔 와서 돌아갈 때 일본 입국 관리사무소에서 늘 지문과 사진으로 신원 확인을 합니다. 생체 정보를 늘 채취당하는 것도 굴욕입니다. 그때 가족들과 내가 서는 줄이 다릅니다. 내 아내와 아이들은 모두 특별 영주권자여서 생체 정보 채취가 생략되네요.

하지만 나는 수속을 다 밟으려면 시간이 많이 걸립니다. 그걸 겪으면서 여러 생각을 하게 되지요. '영주권, 영주 자격, 그 말이 맞는 건가?'

결혼해서 아이 셋을 뒀습니다. 딸, 아들, 딸이에요. 아가가 태어나면 구청에 가서 출생신고를 해야 합니다. 영주권 신청도 합니다.

그리고 한 달쯤 있다가 일본 법무성에서 답이 와요. 그 문서에는 '영주권'이라고 적히지 않습니다. 영주 자격도 아니고요. '영주 허가서'입니다. 우리는 아직도 허가를 받고 일본에 사는 사람들이지요.

외국인에 대해 구별을 넘어 원천적인 차별을 통해 관리하는 것이 일본 사회가 계속 유지하는 국가로서의 자세입니다.

나는 13년을 모국에서 옥중생활을 하기도 했기에 민주화와 평화통일을 위한 일에 관여하고 싶은 마음을 쭉 가졌어요. 그리고 일본에 돌아가도 모국과의 왕래가 자유로울 줄 알았습니다. 언제든 대한민국으로 돌아가기도 하고 다시 일본으로 오기도 하면서 왕래가 자유로울 줄 알았어요.

그러나 통일운동에 참여하니까 대한민국 정부에서는 반국가 인사로 분류를 하네요. 내가 대한민국 여권을 신청해도 발급을 거부당합니다.

노태우 정부 때 일본으로 돌아간 다음 김영삼 정부, 김대중 정부에서도 계속 여권을 안 내줬어요. 출국한 지 14년 만인 2003년, 노무현 정부 때 일회용 여권을 받고 처음으로 모국 왕래를 했습니다.

그때 해외 민주 인사를 초청하는 운동이 있었고, 민변(민주사회를 위한 변호사 모임)과 여러 시민단체에서 추진해 주셔서 우리가 일회용 여권이지만 당당하게 들어왔죠. 다음 해에 1년짜리 여권을 받고, 몇 년 후에는 5년짜리 여권을 받았죠. 지금은 10년 기한 여권을 가졌습니다.

앞서 소개한 세계인권선언 13조를 보면 이렇게 나와 있어요.

모든 인간은 어느 나라에 살든 그곳을 떠날 자유가 있다. 그리고 다시 자기 나라로 돌아갈 수 있는 권리가 있다.

'자기 나라'를 영어로 My own country라고 썼더라고요. 자기 나라라고 할 때 두 가지를 함께 포함합니다. 하나는 국적국, 다른 하나는 거주국이죠. 그러니 자기 나라라고 할 때 나는 대한민국 국적을 가졌기에 대한민국이 내 나라입니다. 또 일본에 살기 때문에 일본도 자기 나라예요. 그러니까 왕래권은 사상이나 신념, 소속단체에 구애받지 않고 세계인권선언에서 보장되는 기본권입니다.

그런데도 대한민국 정부, 민주화했다는 정부도 나에게 여권을 내주지 않았어요. 또한 거주국인 일본으로 돌아갈 때마다, 허가를 받아야 합니다.

이게 다 인권을 유린하는 것이고 우리의 존엄성을 짓밟는 거예요. 그래서 나는 재일동포로 태어나서 살고, 모국 유학을 가고, 또 일본에 돌아왔는데 늘 내 존재, 내 존엄에 대해 부정당하고 사는 인생이구나, 그런 생각이 드네요.

민주주의와 통일을
염원하며

1972년 10월 17일 유신 쿠데타를 신문에서 보던 그때 나는 대학 1학년생이었습니다. 의예과 1학년이었는데, 파시즘이라는 게 뭔가를 몸으로 느꼈지요. 민주주의와 파시즘의 차이는 뭔가? 여러분 다 아시는 이야기를 한 번 더 하는 것은 인식을 공유하고 싶어서입니다.

민주주의는 민(民)과 관(官)과 군(軍)의 순서로 구성되어요. 민이 주인이기 때문에 선거를 통해 정부와 국회의원, 행정 관료들을 뽑고 그 관이 군을 통제합니다. 무지한 반란을 일으키지 못하도록 힘의 관계에서 위치가 이렇게 된 거예요. 민-관-군.

그러나 이게 파시즘, 군사 독재가 되면 거꾸로 되는 거예요. 군이 무력으로 관을 복종시켜 명령을 내리고 주인인 민을 통제합니다. 그게 파시즘인 거지요. 우리가 시민 혁명의 역사를 자랑하는 것은 군과 관이 주인이 되려는 그 반동에 대한 항거입니다.

4.19 이후 여러 차례 일어났지만, 연대한 시민의 힘으로 세상

을 바꿨다는 감동의 기억이 우리의 민주주의 자산입니다. 일본 사람들이 늘 정부에 순종하고 어떻게 보면 우리를 부러워하는 것은 자기들에게는 그러한 감동이 없다는 겁니다.

민이 주인이라는 의식을 확립하기 위한 작업이 교육을 통해서 또는 실천을 통해서 진행되어야 그 사회의 민주주의가 지켜집니다. 그래서 민중이 주체가 되어 운영되는 사회 개혁과 그에 대한 전망, 비전이 제시되어야 하고요.

우리가 People이라는 단어를 쓸 때 상황에 따라 국민이라 하고 시민이라고 하고 민중이라고도 합니다. 어떻게 다른가요? 이것은 내 개인적인 분류입니다. 평등한 사회, 대동 세상, 인간의 존엄이 살아 숨 쉬는 공동체를 지향하는 주체가 민중입니다. 그런 뜻을 함께하려는 사람들이 시민이고요. 윤석열도 국민이지요. 그러나 민중은 아닙니다.

우리 역사에서 독재 정권은 늘 언론을 통제하려 하고, 교육을 관리하려고 합니다. 이명박 정부, 박근혜 정부가 그랬죠. 이전의 군사 독재는 말할 것도 없고요. 왜냐하면 언론을 장악한 세력이 현재를 지배하기 때문입니다. 교육 특히 역사 교육을 장악한 세력이 미래를 지배합니다. 미래 세대의 역사관과 사회에 대한 인식을 좌우하니까요.

왜 박근혜가 국정 교과서를 다시 도입하려고 했습니까? 교육을 장악해야 미래에 대한 지배와 통제가 가능하기 때문이죠. 이명박, 박근혜 시절에 왜 MBC, KBS 직원들이, 의식 가진 언론인들이 탄압을 받았습니까? 언론을 장악해야 현재를 지배하게 되니까요.

우리의 아픈 현대사를 좀 돌이켜 볼까 합니다. 인혁당 재건위 사건[8]을 내가 의대 본과 1학년과 2학년 때 겪었어요. 학교 근처에서 하숙을 하니까 점심은 거의 하숙집에서 먹습니다. 1975년 4월 9일, 오전 수업을 마친 후, 라디오 뉴스를 들으면서 점심을 먹는데, 아나운서가 억양 없는 목소리로 이런저런 사건으로 8명의 사형을 집행했다는 말을 해요. 나는 젓가락을 떨어뜨릴 정도로 충격을 받았습니다.

사람을 이렇게 해서 죽이는구나, 이게 파시즘이구나. 면회를 한 번도 안 시키고, 이분들을 이렇게 처형하고, 가족들이 면회 오니까 벌써 집행해서 없다는 거예요. 32년 후에 이분들이 재심에서 무죄를 받습니다. 진상이 규명되고 억울함을 풀고 명예를

---

8. 유신체제에 대한 반대 운동이 본격화되자 1974년 4월 민청학련을 '공산주의 사상을 가진 학생을 주축으로 한, 정부를 전복하려는 불순 반정부세력'으로 규정하고 253명을 군법회의 검찰부에 구속 송치함. 이어서 배후에 인민혁명당 재건위원회가 있으며, 이들이 인민혁명당을 재건해 민청학련의 국가 전복 활동을 지휘한 것으로 발표. 1975년 4월 8일, 대법원에서 사건 관련자 23명 중 8명에게 사형, 7명에게 무기징역, 나머지 피고인에게는 징역 15-20년의 중형을 확정. 다음 날인 4월 9일, 사형 선고 받은 지 겨우 18시간 만에 사형 판결 8명 전원에 대해 사형 집행

회복하고 어느 정도의 보상도 받고.

마땅히 그래야죠. 그렇지만 가장 소중한 8명의 목숨은 돌아오지 않는 겁니다. 그래서 '너무 늦게 찾아온 정의는 진정한 정의가 아니다'는 말이 나옵니다.

1980년 5월[9] 광주 시민군 안에 고등학생도 포함되었지요. 마지막 날 도청에서 싸우다가 안종필[10], 문재학[11]이라는 고등학생이 [사진11] 속 모습처럼 쓰러졌습니다. 계엄군이 진압을 위해 포위하고, 상공의 헬리콥터가 무기를 버리고 투항하면 목숨을 살려주겠다는데도 끝까지 남아서 싸워요. 왜 그럴까요?

목숨을 살리기 위해 스스로 총을 버리고 항복하면, 전두환 군부가 선전한 대로 '폭도'가 됩니다. '북의 조종을 받은 폭도'가 되어 버리는 거죠. 그래서 시민군의 명예를 지키기 위해 끝까지 남아 싸워서 희생됩니다. 학생들의 총을 보니까 한 발도 안 쐈대요. 당시에는 고등학교 때 군사 교련을 시켰으니까 (총을) 쓸 줄

---

9. 1980년 5월 광주민주화운동
10. 1964-1980. 당시 광주상업고등학교 1학년 재학 중. 어머니의 만류에도 불구하고 시민군으로 활동하다 5월 27일 항쟁 마지막 날 도청에서 계엄군의 총격을 받아 사망함
11. 1964-1980. 안종필과 같은 학교 같은 학년 친구로 같은 날 도청에서 계엄군의 총격을 받아 사망함

[위-사진11] 쓰러진 안종필, 문재학 두 고등학생 모습

[아래-사진12] 안종필 문재학의 묘

은 알죠. 왜 안 쐈을까요?

한강 작가의 소설《소년이 온다》[12]의 모델이 된 이 학생들에게는 진압을 위해서 온 군인들도 자기 형님 같은 나이 청년들 아닙니까? 이미 패배하고 죽을 것이 분명한데도 왜 구태여 총을 쏴서 같은 동포, 젊은이를 다치게 하겠는가? 그러지 않기 위해 총을 한 발도 안 쏘고 희생되지 않았을까, 그런 생각이 드네요.

우리나라 민주화운동의 위대한 힘을 느낍니다. 결코 테러를 투쟁 수단으로 삼지 않습니다. 요인을 납치하거나 독재자 가족을 유괴하거나 테러를 해 다치게 하지 않습니다. 필요하면 자기 목숨을 바쳐 여론에 호소합니다. 대의를 위해 스스로 내 목숨을 바치더라도 남의 목숨을, 권력자의 목숨을 테러를 통해 빼앗지 않는다, 그런 도덕적 신념을 나는 느낍니다.

몇 년 전 5.18 행사에 참석했는데, 이 고등학생들이 서로 친구였기에 [사진12]처럼 묘지도 바로 옆에 나란히 있더군요.

[사진13]은 1988년 12월 27일 석방된 후 연세대학교에서 열린 환영 집회에서 인사하는 모습입니다. 24세 때 들어가고 37세

---

1 2. 한강 《소년이 온다》 창비 2014

에 나왔습니다.

그러다 14년 후에 대한민국 여권을 발급받고, 해외 민주인사 고국 방문 환영 모임에 왔지요. 종로5가 기독교회관에서 열린 환영식에서 인사하는 모습인 [사진14]입니다.

그 후 좀 자유롭게 조국을 왕래하게 되면서 가고 싶던 곳들에 많이 갔죠. 2009년 11월 13일인데 도라산역에서 철도 침목에 문장을 남길 수 있더군요. 그래서 '불신과 대결의 벽을 넘어 화해와 협력으로 나가는 철도 길, 그 길 위에 우리 민족의 영원한 평화와 번영이 있을 것이다'고 내가 썼습니다.([사진15]) 지금도 남아 있는지는 모르겠습니다.

여기서 통일문제에 대해 좀 내 생각을 말씀드려 보겠습니다. 통일이라는 말을 꺼내기가 민망할 정도로 현재의 남북은 적대관계가 되어 버렸습니다. 북에서는 같은 민족이 아니다, 교전 중인 적대적인 두 국가다, 그러니 따로 살자. 지금 그런 입장을 보이는데, 나는 그것이 확고부동의 입장은 아니라고 봅니다. 상황이 변하면 북은 언제든지 입장과 태도를 달리할 체제입니다.

이재명 정부가 들어선 후에 북에 유인물을 날리지 못하게 통제하고 대북 확성기 방송도 안 하겠다니까 북에서도 바로 호응하지 않습니까? 그런 것으로 흐름은 좀 바꿀 수 있다고 봅니다.

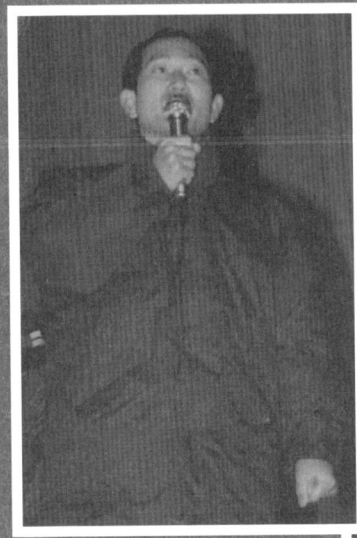

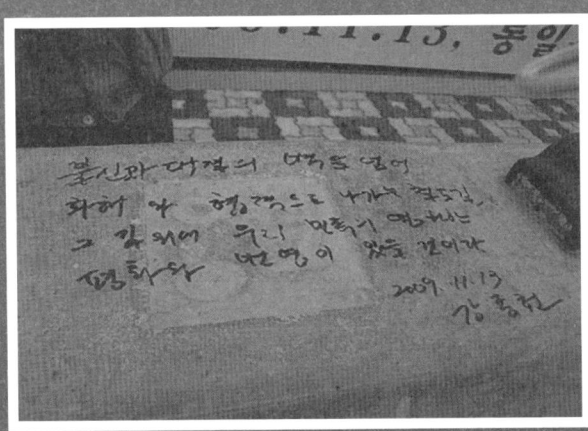

[위-사진13] 석방자 환영 집회에서, 1988년 12월 27일

[가운데-사진14] 해외 민주인사 고국 방문 환영 모임, 2003년 9월 19일

[아래-사진15] 도라산역 철도 침목에 남긴 글

왜 우리는 흡수 통일이 아닌 연합 통일, 연방 통일을 원할까요? 내가 일본에서 살면서 일본 사람들한테 늘 받는 질문이 있어요. '당신은 남쪽을 지지하느냐, 북쪽을 지지하느냐?' 남이냐 북이냐 하는 양자택일을 강요하는데 이것이 분단의 사고입니다. 그러나 우리 재일동포들의 민족통일 사고는 남도 북도 내 조국이라는 양자수용의 자세입니다.

통일의 역동성은 비유하면 더하기가 아니라 곱하기입니다. 지금 남쪽이 5개, 북쪽이 5개를 가졌다고 칩시다. 분단 상황에서 더하기로 통합하면 5+5=10입니다. 만약 남북 간의 균형이 깨져서 6 대 4가 되고, 7 대 3이 되고, 8 대 2가 된다 해도 더하기를 하면 늘 답은 10입니다. 변하지 않습니다. 그렇지만 곱하기라는 입장에서 보면 남쪽 다섯, 북쪽 다섯을 가졌을 때 곱하기의 최대치는 5×5=25가 됩니다. 그런데 어떤 경우에 최대치가 나오는가요?

상대를 인정하고 상호 존중을 통해 평화공존 할 때, 화해 협력하고 함께 나아가자 할 때 5 대 5라는 균형을 그대로 유지하니까 최대치가 보장됩니다. 그러나 상대를 제압하려고 적대 의식을 가지고 균형을 깨려고 하면 어떤 때는 6 대 4가 되고 7 대 3이 되는데, 곱하기를 하면 값이 갈수록 떨어집니다. 24, 21, 16,

9… 축소돼요.

궁극적으로 완전히 제압해 흡수 통일을 한다면, 남쪽이 10을 다 가졌고 북은 아무것도 못 가졌다면 어떻게 됩니까? 곱하기 답은 0입니다. 전부 다 얻었다고 생각하지만 곱하기의 답은 아무것도 얻지 못하는 거예요. 모든 것을 잃는 거나 다르지 않습니다. 그게 흡수통일이나 무력통일의 위험성입니다.

일본 제국주의가 우리를 식민지 통치를 했습니다. 그러나 결과는 어땠습니까? 모두 얻었다, 완전하게 지배와 통치를 했다고 하지만 곱하기로 보면 얻은 것은 0이에요. 그러니까 패망해서 돌아갔지요.

통일을 위해서 생각을 조금 넓혀 봅시다. 조금 관점을 바꿔 보죠. 통(通)이라는 한자는 통합하는 통, 소통하는 통입니다. 모든 대결과 적대의 출발점은 상대방이 나하고 다르다는 것에서 출발합니다. 물론 남쪽이나 북쪽이나 체제가 상이하니 다른 것이 당연하죠. 그러나 그것을 다르니까 틀린 것이다, 잘못된 것이다, 이질적이니 이상한 것이다, 이단이다, 이렇게 단정하고 배척할 때 적대가 생기고 상대를 없애려는 겁니다.

우리는 지금 남과 북이 유엔에 따로 가맹한 주권 국가들이죠. 그래서 서로 다른 두 나라가 존재하고 병존하는 겁니다. 적대적인 것이 아닌 평화적으로 공존한다면, 그게 다른 것과 소통하는 거죠. 통일(統一)하기 전에 통이(通異, 通二)하는 기간을 좀 가지면 어떨까요? 그런 과정과 마음 준비가 좀 부족했던 듯해요.

남북은 원래 적이었습니까? 적이라서 전쟁까지 했습니까? 아닐 겁니다. 전쟁했기 때문에 우리가 적이 되었던 거예요. 적이 되도록 의무적으로 교육을 받고 살아온 거예요. 또 지금까지 전쟁을 끝내지 못하니까 적으로 남은 상태인 겁니다. 원래 적이었던 건 아니라고 봅니다. 그러니 전쟁을 끝내야 합니다. 종전하면 적대관계는 해소됩니다. 적으로 더 이상 남을 필요가 없는 거예요.

2018년에 판문점과 평양에서 남북 정상이 만나서 '우리는 이제 전쟁을 안 한다, 종전선언 하자' 그런 약속을 했습니다. 미국의 간섭으로 제대로 지켜지지 않았지만 만약 종전선언을 다시 한번 확인하고 휴전협정을 평화협정으로 바꾼다면, 두 국가가 평화 공존하면서 전쟁을 방지하고 평화를 맛볼 것입니다. 애초부터 적이었던 것이 아니라는 사실을 잊지 맙시다.

법률적 무죄와
사회적 무죄

2012년에 통합진보당에서 비례대표로 총선에 나섰었습니다. 국회의원이 되고 싶어서가 아니라 해외동포 투표율을 올리기 위해서였습니다. 선거 제도가 바뀌어서 재외 국민도 투표하게 됐어요. 그런데 투표하겠다는 여론이 일본에서 그렇게 높지 않았어요.

자기들의 대표가 없어서 그런 거 아니냐는 생각이 들더라고요. 정치에 참여하는 권리, 참정권이라는 것이 단순히 투표 행위로 끝나지는 않지요. 자기들 대표를 국회로 보내는 것이 진정한 참정권 행사입니다.

그래서 재일동포 중에 주요 정당이 인정하는 후보가 나오면 재일동포들도 관심 갖고 선거에 임하지 않을까 그런 생각이 들었어요. 각 당에 요청도 많이 했는데 유일하게 관심을 가져준 게 통합진보당입니다. 그 당에서 비례 번호 18번을 받고 선거에 나갔는데, 엄청난 공격을 받았어요.

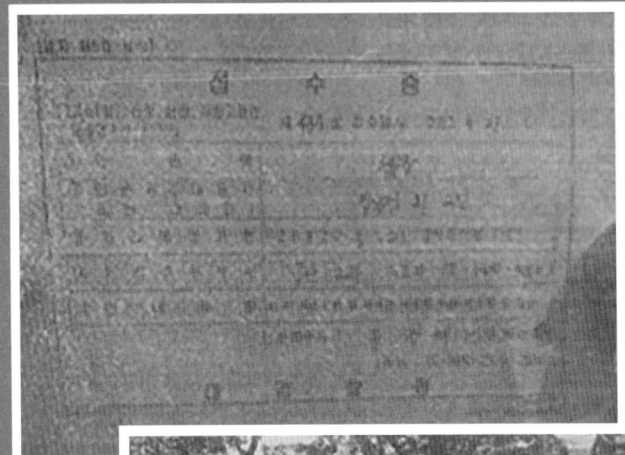

[위-사진16] 고소장

[아래-사진17] 비난 현수막

'저놈은 원래 빨갱이고 간첩인데 그런 자가 여의도로 가는 것은 도저히 용납할 수 없다'면서 반공 단체 청년들이 나를 검찰청에 고소했네요. [사진16]과 [사진17]은 '검찰은 통합진보당 강종헌을 국가보안법으로 엄중 구속 처벌하라'는 고소장과 현수막입니다.

그때 마침 재심 청구를 하고 재판을 받을 때였어요.[13] 재일동포 사형수로 내가 처음으로 재심을 청구한 것인데 엄청난 방해와 협박이 들어옵니다. 1975년 조작에 의해 간첩이 되었는데, 다시 옛날로 돌아간 것 같은 그런 기시감이 들더라고요. 여기서 내가 무너지면, 다른 사람 재심도 매우 어렵게 될 거라는 비장한 각오로 힘든 공판을 이어갔습니다.

다행히 일본의 친구들 또 국내에서도 힘을 보태 주셔서 어떻게 겨우 이겨내고 무죄를 받았습니다. 재심을 직접 겪어 보니 그동안 우리나라의 사법제도나 인권 상황이 많이 개선되었음을 실감하였습니다.

'진실화해를위한과거사정리위원회' 같은 기구도 설치되어 억울함을 풀어줄 길이 열리고, 사람들의 의식도 바뀌고, 훨씬 진전

---

1 3. 2009년 '진실화해를위한과거사정리위원회'의 재심 권고 판정을 받아 2010년 서울고법에 재신 청구

[사진18] 서울고등법원에서 재심 무죄 판결받은 2013년 1월 24일

된 민주 인권 사회가 되었죠. 2013년 1월 24일 나는 고등법원에서 무죄를 받았습니다.([사진18])[14]

그런데 검찰이 상고하여 대법원에 계류 중인 2014년 12월, 통합진보당은 강제로 해산됩니다. 그 결정을 내린 것은 헌법재판소예요. 지난 4월 4일, 윤석열 파면 판결을 내린 우리의 자랑스러운 헌법재판소가 어떤 때는 이렇게 헌법의 이름으로 진보정당을 강제 해산시키는 폭거도 저질렀던 것입니다.

법관들이 어떻게 양심을 지켜내는가는 시민들 힘에 달렸습니다. 민주사회를 이끌어 가겠다는 변혁 의지가 시민사회에 충만하면 이런 폭거는 못 저지릅니다.

통합진보당이 강제 해산된 지 8개월 후 대법원에서 무죄 확정판결을 받습니다. 재심에서 무죄를 받았으니 법률적으로는 무죄지만 사회적으로는 아직 나는 유죄였습니다. 나를 보는 여론이 그리 따뜻하지 않았어요.

극우 세력은 이렇게도 비방했습니다. '무죄를 받았지만 죄가 없어 무죄가 아니다, 유죄를 입증할 수 없어 무죄를 준 것이다.' 그래서 사회적 무죄를 받기 위해 여러 가지로 노력했으나 혼자 힘으로는 안 됩니다.

---

14. 그로부터 2년이 지난 2015년 8월에 대법원에서 최종 무죄 확정 판결을 받음

[사진19] 구 서울구치소 재일 한국인 양심수 방, 오른쪽이 조영선 변호사.
2016년 8월 14일

이때 서울대학교가 참 큰 용기를 내서 나에게 명예 졸업증서를 주었습니다. 지금부터 4년 전인 2021년 8월 27일, 오세정 총장의 이름으로 된 졸업증서가 [사진20]입니다.

위 사람은 1974년 3월 본교 의과대학 의학과에 진학하여 국가 민주화 사건으로 인하여 소정의 과정을 이수하지 못하였으나, 국가와 국민을 위하여 자신을 희생한 바가 크기에 이를 기리어 본 대학 교수회의 의결을 거쳐 명예 졸업증서를 수여하고자 이에 추천함. 의과대학 학장. 총장께서 위의 추천에 의하여 본 증서를 수여함.

내가 고맙게 생각하는 것은 '당신은 공로가 컸다, 민주화를 위해 기여했다' 이렇게 쓰지 않고 '국가와 국민을 위하여 자신을 희생했다'고 한 기술입니다.

내가 무슨 대단한 운동을 했겠습니까? 오히려 동료 학생들에게 폐만 끼쳤지요. 앞서 말씀드린 대로 사회의학연구회의 제일 말석에 앉았던 구성원에 불과합니다.

그러나 민주화에 대한, 조국에 대한 마음은 누구 못지않게 컸다고 스스로 자부합니다. 한 것은 별로 없지만 희생된 것은 사실입니다. 그래서 그 희생을 기려 주신 서울대학교에 지금도 감사

명예졸업증서

강 종 헌(康宗憲)
1951년 9월 16일생

위 사람은 1974년 3월 본교 의과대학 의학과에 진학하여 국가 민주화 사건으로 인하여 소정의 과정을 이수하지 못하였으나, 국가와 국민을 위하여 자신을 희생한 바가 크기에 이를 기리어 본 대학 교수회의 의결을 거쳐 명예졸업증서를 수여하고자 이에 추천함.

2021년 8월 27일

서 울 대 학 교
의과대학장
의학박사 신 찬 수

 위의 추천에 의하여 본 증서를 수여함.
2021년 8월 27일

서 울 대 학 교 총장
이학박사 오 세 정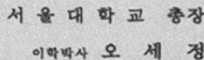

[사진20] 명예졸업증서, 2021년

를 드립니다. 민주화 공헌자라 했으면 나는 부끄러워서 받지 못
합니다.

사실 나는 청춘을 조국의 감옥에 묻은 것, 그것 말고는 아무
것도 하지 않았어요. 그렇지만 그것을 잊지 않고 인정해 주었으
니 나는 사회적으로 무죄 받은 것으로 이해하였습니다.

인간의 존엄을
지키기 위해

내가 참 괴로웠던 순간이 감옥에서 몇 번 있었어요.

사형수로 있을 때가 역시 가장 힘들었습니다. 수용자는 언젠가 자유의 몸이 될 것이라는 희망을 가지고 살죠. 1979년 10.26 사태로 유신체제가 무너집니다. 박정희가 사살당하고 서울의 봄이 왔지요.

그런데 그 봄은 너무 짧았습니다. 전두환 노태우 군부 세력이 쿠데타를 통해 정권을 잡고 광주를 학살했지요.

그런 때는 구치소 안에서도 요동을 칩니다. 이제 사형을 면할 거라는 희망을 가졌다가 금세 또 겨울이 오니 구치소에서도 사형 집행이 이어지는 거예요.

정치 흐름에 일희일비하는 자기 모습이 한심해서 헛된 희망을 가지지 말자고 다짐했습니다.

그때까지 나는 감옥에서 나오면 복학하겠다고 의학 서적을 계속 옆에 두고 있었어요. 그런데 세상 흐름에 좌우되고 정신을 못 차리면 혹시 마지막 순간이 왔을 때 내가 동요하고 추태를 부리지 않을까 그런 공포심이 생기더라고요.

'정신 차리자, 사회에 대한 미련을 버리자, 여기가 내 집이고 함께 사는 수용자가 내 형제다, 그렇게 살아야지, 사회에 대한 꿈을 꾸지 말자.'

그렇게 생각하여 나는 의학 서적을 덮었습니다. 그게 1981년 가을, 서른 살 되기 직전이었습니다.

그렇게 독한 마음을 먹지 않으면 내가 인간의 존엄을 지키고 마지막 순간을 잘못 맞을지 모른다는 불안감과 공포심 때문이었습니다. 그러나 스스로 의학을 단념한 나에게 감옥은 많은 가르침을 주었습니다.

오늘 강연의 열쇠 말은 '인간의 존엄'이라고 했습니다. 그러나 인간의 존엄은 개인 차원에서 고찰할 게 아니더군요. 자기가 속하는 공동체 안에서 공동선(共同善)을 위해 살아갈 때 인간의 존엄은 더 빛납니다.

내 인생은 좌절과 패전의 연속이었습니다. 재판을 통해서도 계속 졌고 사형 판결밖에 안 나왔죠. 의사가 되겠다는 뜻을 이루지 못하고 감옥에 들어가고 또 앞길이 막히는 좌절의 연속이었지요. 국가권력과 대치하면서 싸움하다가 지고 또 지고 좌절했지요.

그런데 모든 패전과 좌절은 나름의 의미를 가집니다. 무의미한 좌절은 없는 거예요. 싸우다가 지고 또 싸우다가 지고, 패전을 거듭하지만 포기하지 않으면 언젠가 상황을 바꾸기가 가능합니다.

그래서 '패전과 패배는 다르다.' 그렇게 생각했습니다. 패배주의자가 되어서는 안 된다고요. 어떤 사람이 '당신은 왜 그렇게 낙천적으로 사냐?'고 묻습니다.

그러나 내가 감옥에서 배운 진실 중 하나가 '비관으로부터는 아무것도 나오지 않는다'는 겁니다. 비관하면서 사는 것보다 낙관하면서 살아야지, 아니 낙천적으로 살아야지 하면서 감옥생활을 했습니다.

이웃과 함께 공동선을 위해 헌신할 때 인간의 존엄은 더 빛난다고 합니다. 내가 과거 의학도로서 지금도 존경하는 의료인이 몇 있습니다. 살바도르 아옌데[15]라는 칠레 대통령이었던 분, 사

15. Salvador Guillermo Allende Gossens, 1908-1973. 칠레의 의사 출신 정치가로 제28대 대통령. 의사의 길을 가다가 민중의 처참한 현실을 목격하고 이를 해결하기 위해 정치 활동을 시

[위-사진21] 오른쪽이 아옌데

[아래-사진22] 대통령 궁 파괴 모습

회주의자였죠.

1973년 9월 11일 피노체트 쿠데타로 대통령 궁은 파괴되고, 투항하면 살려준다, 망명의 길을 열어준다는데 끝까지 거부하고 기관총 하나 들고 싸우다 자결합니다.

그때 내가 이분의 존엄을 똑똑히 느낀 것은 대통령 경호처의 직원 모두를 밖으로 내보낸 것입니다.([사진21], [사진22])

나를 위해 죽지 마십시오. 살아서 이 어둠의 시대를 이겨내고 다시 한번 또 칠레의 미래를 위해 사십시오. 대통령인 나를 지키려고 희생되지 마십시오.

그래서 모든 경호원을 다 내쫓습니다. 누구와는 다르죠? 체포될 것이 두려워서 경호처 직원을 앞세우고 책임을 면피하는 누구와는 다릅니다.

얼마나 추접스러웠던지 《중앙일보》도 올해 한 기사[16]에서 "역사적으로 현직 대통령 거처에서 벌어진 가장 극적인 장면은

작. 1938-1942년 후생장관을 역임하고 1945년부터 4번 내리 연속 상원의원에 당선됨. 1970년 칠레 대선에서 인민연합 후보로 나서 대통령에 당선

16. 《중앙일보》 2025.1.9

칠레에서 벌어졌다"고 아옌데 이야기를 합니다.

"피노체트 육군 참모총장이 주도한 군부 쿠데타에 맞서 총격전을 벌이다 그는 자결했다. 그의 사회주의 정책에 대해 평가가 엇갈리나 아옌데는 그 비장한 최후만으로 영웅의 서사를 완성했다."

이어서 한국 상황에 대한 이야기입니다. "계엄이 정녕 떳떳하다면 윤 대통령은 숨지 말고 나와서 법의 잣대로 대처해야 한다. 그것만이 한때 그를 보수의 총아로 믿었던 이들에 대한 예의다." 주요 보수 언론조차 윤석열에 대해서는 그렇게 준열하게 평가했습니다.

아옌데는 죽었으나 칠레 민중 속에 지금도 생존하는 사람이에요. 그가 마지막에 국민 앞에서 연설합니다. 대통령궁은 계엄군에게 포위되고 그들이 방송국도 다 장악했지요. 전국에 단 한 곳 남은 친정부 방송국 주파수 라디오로 연설을 합니다. 좀 긴데 읽어볼게요.

무엇보다 나는 이것만은 노동자들에게 말씀드려야겠습니다.

나는 결코 사임하지 않습니다. 이 역사적인 위기에 맞부딪쳐 나를 지지해 준 민중에게 내 목숨을 가지고 보답하려고 합니다. 우리가 뿌린 씨앗은 수많은 칠레 사람들의 기고한 양심에 심어져 결코 꺾이지 않을 것입니다.

나는 확신합니다. 군부는 무기를 가지고 우리를 굴복시킬 겁니다. 그러나 범죄행위든 무력이든 우리 사회의 진보를 멈추게 하지 못합니다. 역사는 우리의 것이고 인민 대중이 그걸 만듭니다.

내 조국의 노동자들이여! 나는 칠레와 그 운명을 믿습니다. 나의 뒤를 잇는 사람들이 배신이 지배하는 이 어둡고 쓰린 시대를 반드시 극복할 것입니다. 머지않아 더 나은 사회를 만들기 위해 사람들이 자유롭게 미루나무 거리를 활보하는 시대가 반드시 올 것입니다. 칠레 만세! 민중 만세! 노동자 만세!

그 말을 남기고 그는 장렬하게 싸우다가 자결합니다. 그가 신념으로 삼았던 진리, 공동체 정신, 사회주의 공동선, 그것을 그는 지키려고 했던 것이죠.

[사진23] 속 인물은 미첼 바첼레트[17]로 피노체트 쿠데타 때

---

17. Verónica Michelle Bachelet Jeria, 1951- . 1973년 칠레 쿠데타가 일어나기 전 군인과

[사진23] 미첼 바첼레트, 칠레 제33대, 35대 대통령

억압을 받아 고생합니다. 이분의 아버님이 아옌데의 친구였어요. 바첼레트도 의사입니다. 칠레 국립대학교 의학부를 나왔습니다. 호주로 망명했다가 다시 칠레로 돌아와 민주화운동을 합니다. 남미 첫 여성 국방장관이 된 사람이고, 칠레의 대통령을 두 차례 했습니다.

아옌데가 남긴 말처럼 뜻은 이어집니다. 물론 지금 칠레에 많은 문제가 있죠. 그렇지만 아옌데가 뿌린 씨앗은 죽지 않습니다.

한 사람 더 소개합니다. 의사는 아니지만 하마스의 지도자 야히야 신와르([사진24])[18]가 작년(2024년) 10월 16일, 이스라엘 특수부대의 공격을 받고 학살됩니다. 신와르가 남긴 유서가 있어요.

내가 남기는 것은 내 개인의 유산이 아니라 자유를 희구하는

고고학자 부부 사이에서 태어난 평범한 대학생. 쿠데타 후 아버지가 아옌데 지지자란 이유로 고문받다 사망. 1975년 모녀도 정보기관에 체포되어 고초를 겪은 후 호주로 망명하고 동독에 터를 잡았다 1979년에 칠레로 귀국. 1990년대 정치활동을 시작하여 2000년 보건부 장관, 2002년 국방부 장관을 거쳐 33대, 35대 칠레 대통령에 취임
18. 1962-2024. 이스라엘에 의해　겨나 형성된 팔레스타인 난민 캠프에서 출생. 하마스에서 활동하다 이스라엘에 체포되어 이스라엘 감옥에서 22년 복역. 2011년 포로 교환으로 석방된 후에도 하마스에서 계속 활동

[사진24] 하마스의 지도자 야히야 신와르

모든 팔레스타인인의 집단적 유산입니다. 이 유서에서 내가 이야기하려는 것은 저항은 결코 쓸데없는 것이 아니라는 것입니다. 우리가 보내야 하는 것은 명예와 존엄을 가지고 살아갈 인생입니다. 감옥은 나에게 투쟁은 길고, 앞길은 가시덤불이라고 가르쳤습니다.

그러나 동시에, 항복을 거부하는 자는 스스로의 손으로 기적을 낳는다는 것도 배웠습니다. 우리 팔레스타인을 위해서 세계가 정의를 실현한다고 기대하지 마십시오. 나 스스로 배운 것은 세계가 우리의 고통 앞에서도 침묵을 지킬 것이라는 사실입니다.

정의를 기대하지 마십시오. 당신들 스스로가 정의롭게 살아야 합니다. 팔레스타인인들의 꿈을 스스로 가슴에 새기고, 모든 상처를 무기로 바꾸고, 모든 눈물을 희망의 원천으로 바꿔야 합니다.

우리는 우리의 땅, 팔레스타인, 우리의 가슴 속에, 그리고 우리 아이들의 미래 속에 살아남읍시다. 팔레스타인이여, 내가 마지막까지 사랑한 땅, 내가 품고 온 꿈을 당신들에게 넘깁니다.

내가 쓰러져도 굴하지 마시고, 한순간도 꺾인 적 없는 우리 깃발을 나 대신에 높이 들고, 우리의 유골로 단단히 만들어진 다리를 다음 세대가 건너도록 내 피도 거기 뿌려 주십시오.

한 사람의 순교자가 나오면 천 명의 전사가 이 땅의 자궁에서 태어난다는 것을 잊지 마십시오.

'야히야 신와르는 테러리스트다, 폭군이다.' 이렇게 이스라엘은 선전했습니다. 죽기 싫어서 늘 인질을 자기 주위에 배치하고 공격을 막았다고 했는데, 그가 희생될 때 인질은 주위에 없었고 해부하니까 배 속에는 아무것도 없었답니다. 며칠 간 굶었다는 거예요.

민중과 함께 고통을 겪고 이스라엘에 맞서 싸웠던 사람의 마지막입니다. 입장이 다르고 생각이 다를 수 있어요. 그렇지만 인간의 존엄을 놓고 볼 때, 나는 이 분을 기억하려고 합니다.

나는 우리말을 늦게 배웠습니다. 이런 생각을 한번 했어요. 우리말은 참 대단한 언어구나. 깊은 철학이 있구나. 인간을 '사람'이라고 하죠. 그리고 Love는 '사랑'이죠. 또한 인생, 생활은 '삶'. 모두 같은 어원 '살다'에서 나오지 않았는가 싶어요.

우리말에는 '사람은 사랑을 통해서 삶을 이어간다.' 그런 철학이 담겼습니다. 늦게 배운 사람의 감회입니다.

그래서 나는 우리말을 사랑합니다. 소중하게 여깁니다. 윤동주 시인이 끝까지 지키려고 했던 이 아름다운 언어를 우리가 함께 지켜나가길 바랍니다.

　인간의 존엄이 집단 속에서, 공동체 속에서 더욱 빛난다는 믿음을 여러분들과 함께 나누고 싶어요. 장시간 경청해 주셔서 감사합니다.

묻고 답하다

[사회자] 힘드실 텐데 끝까지 서서 강연해 주셔 더욱더 감사를 드립니다. 늦게 우리말을 배웠다고 하셨는데, 그 정제된 언어가 강력한 힘으로 저희한테 다가오는 시간이었습니다. 질문하실 분 계시면 제가 마이크를 돌리겠습니다.

[질문] 정권이 바뀐 지 3주 됐잖아요. 새 정권이 들어섰고 또 민주 정권이라 하고 저도 그렇게 믿고 있습니다. 선생님 졸업증서에 나왔었던 것처럼 '희생'되었던 재일동포들을 비롯하여 지금의 재일동포를 위해서 새 정부가 어떤 일을 하기 바라시는지요?

[강종헌] 강연에서 늘 강조했습니다마는 다른 나라는 잘 모르겠지만 일본이라는 사회는 우리 동포들 존엄성을 계속 짓밟는 사회입니다. 긍지를 가지고 자부심 가지고 살아가지 못하도록요. 예를 들어 조선학교를 무상화에서 빼고 집중적으로 탄압합니다.

민족 교육권을 말살한다는 것은 식민지 시대 그대로입니다.

그런데 분단된 상태이니 한국계 학교가 이 사실에 대해서 아무 말을 안 합니다. 같은 민족 구성원이라면 민족 교육을 할 권리라는 건 누구에게도 평등하게 보장해야 하는데, 한국계 민족학교는 조선학교가 받는 차별, 억압에 대해서 침묵을 지킵니다. 오히려 대한민국 민단에 속하는 조직의 간부들은 조선학교는 절대로 무상화에 포함해서는 안 된다. 이건 빨갱이 학교다, 이렇게 말합니다. 노골적인 분단의 사고입니다.

그런 현실을 극복하도록 이재명 정부가 더 전향적인 자세로 어떤 학교이든 민족 교육을 하는 학교에 대해서 지원하고, 그런 입장과 자세만 보여줘도 일본 정부는 그렇게 무례하게 굴지 못할 것입니다.

평양에서 볼 때 이재명 정부가 일본에서 조선학교를 지원하는구나, 도와주려 하는구나, 이런 사실이 얼마나 강한 메시지입니까?

일본이 북과 국교를 맺고 싶다면 딱 하나만 자세를 바꾸면 됩니다. 조선학교에 대한 억압을 중지하는 것입니다. 똑같은 대접을 하면 평양은 그 신호를 감지할 것입니다. 이것은 재일동포들에게만 해당되는 이야기가 아니라고 봅니다. 민족적으로 살아가려는 사람들, 세계 각지의 우리 동포들이 사는 곳, 국적을 떠나서 민족적인 마음을 이어가도록 제도를 지원하는 일부터 시작하면 좋겠네요.

나는 이재명 씨에 대한 공감은 하나 가졌어요. 다른 거는 모르는데 2016년, 그러니까 2017년도 대선에 그 사람도 후보로 나오지 않았습니까? 결국 문재인 씨가 최종 후보가 되고 대통령이 됐는데, 그때 유세하는 과정에서 이재명 씨는 대한민국 사회를 바꾸려면 살바도르 아옌데처럼 목숨 걸고 살아야 한다고 말합니다. 나는 그래서 이 사람은 인간의 존엄과 진정한 사회개혁에 대한 마인드를 가졌구나 싶었습니다.

이분의 마음 깊은 곳에 가진 공동선에 대한 마음, 보다 나은 사회공동체에 대한 지향 그리고 이번 대선에서 대동 세상 많이 이야기했는데 국민 주권이라는 게 바로 대동 세상 아닌가요? 그래서 살바도르 아옌데를 감히 언급한 그 사람의 용기와 심정에 대해 공감하고 기대합니다.

[질문] 저는 학교에서 의학 역사를 가르칩니다. 첫째 시간에는 영화 〈라쇼몽〉을 보여줍니다. 왜냐하면 상대주의 역사관과 절대주의 역사관을 직관적으로 학생들이 받아들이도록요. 두 번째 시

간에는 선생님 이야기를 합니다.[19] 국가 권력이 진실을 이렇게 파묻기도 한다고요.

학생들이 서울대 의대를 다니던 자기하고 똑같은 처지 학생이 이렇게 됐다는데 놀라면서 직관적으로 받아들여 나도 저렇게 될 수 있구나 생각하게 됩니다. 제가 13년간 이 수업을 하고 있습니다. 그래서 선생님이 한국의 어느 의과대학에서는 유명 인사입니다.

[강종헌] 아이고. 일본에서는 그렇게 나를 알아주는 사람이 별로 없는데 감사합니다. 영광입니다.

[질문] 저는 강종헌 님을 1976년 3월에 서대문구치소에서 만났어요. 같은 사동인데 뭐 조금 건너 방이었지요. 저희한테도 감시가 엄했는데. 강종헌 형제님 같은 국가보안법 위반자들은 여기저기 표시가 빨개요. 가슴에 빨간 표시를 붙이고, 저희는 긴급조치 위반이니까 노란 딱지를 붙였지요. 그런데 서로 접촉을 못 하게 해서 오갈 때 가끔 들르시는데, 그때 나이가 아마 24-25세 됐을까요? 저하고 9살 차이니까 제가 한 34-35세였고. 근데 아주 아름

---

19. 강의 관련 내용은 이 책 부록에 실었음

다운 청년이었어.

그냥 따뜻한 청년이 왔다고 교도관이 말씀하시는 거예요. 저는 의대생 사건인지 잘 모르고 감옥에서 만났는데 그때 재일동포들의 아픔을 조금씩 들으면서 그 후 많이 관심을 갖게 되었어요. 제가 8.15 통일행사로 북을 방문했을 때도 또 북한 성당에서 같이 만났지요. 그 뒤 가톨릭 신자가 되셨다는 것 같아요. 세례명이 어떻게 되세요?

[강종헌] 안토니오입니다. 감옥에서 세례를 받았어요.

[질문] 6월 13일 안토니오인가 보다. 프란치스코 수도원의 포르투갈 출신 신부님인데, 그분도 가난한 사람들을 위해 애쓰다 서른네 살에 돌아가신 성인이시죠. 20대에 고난받고 70대가 되실 때까지 우리 민족 공동체 특히 남북의 화해를 위해서 애쓰시는 모습, 저보다 더 강력한 민족애를 갖고 계시다고 생각합니다.

저는 신앙인이니까 뭐 신앙인 나름대로 사는데. 당시 20대 학생으로서 또 일본에서 교포로서 온갖 아픔 다 겪었는데 그거를 다 이겨내면서 여기까지 오셨고. 최근에는 전립선암으로 투병 중이신데 끝까지 이렇게 저희와 함께하시네요. 우리가 함께 많은 수는 아닙니다만, 우리 한 분 한 분이 만 명 백만 명을 상징할

[사진25] 강연을 마치고 함께 촬영한 사진

수 있습니다.

이제 저희가 그런 역할을 하도록 다짐하면서 더 건강하시길 바라고요. 오늘 오신 분들께 이런 가치를 가지고 살라고 한마디로 해 주실 수 있는 말씀이 있다면 어떤 거예요?

[강종헌] 예, 오늘 뭐 더하기 곱하기 이야기를 했는데 역시 중요한 건 나누기입니다. 함께 나누는 자세지요.

大韓民國 法律로 쩌o처럼는 선고받은 것을
끝없는 榮光이라 생각하며, 만일, 나와 같은
보잘것 없는 정치, 사상범에게 死刑을 주어야
만, 이 나라의 安保가 유지된다면, 나도 대한
민족의 國民의 한 사람으로서 내 나라와 민족을
위해 언제든지 나의 靑春와 生命을 바칠 용의가
있음을 여기에 밝히는 바입니다.

　　　　　1977. 1.26

　　　　　피고인　康宗宪

이름은 죽고 남겼는 종말此
름은 박용수 ㊞

상고이유서

대한민국 법률로 최고형을 선고받은 것을 끝없는 영광이라고 생각하며, 만일 나와 같은 보잘것없는 정치 사상범에게 사형을 주어야만 이 나라의 안보가 유지된다면, 나도 대한민국의 국민의 한 사람으로서 내 나라와 민족을 위해 언제든지 나의 청춘과 생명을 바칠 용의가 있음을 여기에 밝히는 바입니다.

1977. 1. 26

피고인 강종헌

재심 법정의 구도자(求道者)

이 화 영

인권의학연구소 소장

강종헌 선생을 처음 만난 것은 2011년 3월, 일본에서입니다. 이후 15년 가까이 이런저런 자리에서 강종헌 선생을 보면서 드는 느낌은 한결같이 '고요함'입니다. 어느 종교인에게서도 쉽게 보이지 않는 '구도자' 같던 재심 법정에서의 그의 모습이 제게 각인되었기 때문입니다.

2011년 3월 11일 오후, 재일동포 조작간첩 사건 피해자들에게 재심을 설명하고 지원하기 위해 저는 변호사들과 함께 일본에 가게 되었습니다. 김포공항에서 오사카행 탑승을 기다리던 중 후쿠시마에 대지진이 발생했다는 속보를 들었습니다. 다행히 항공기 운항이 취소되지 않아 일행은 오사카에 예정대로 도착하였습니다.

비행 중 심재환 변호사가 강종헌 선생에 대해 말을 꺼냈습니다. 아마 제가 의사 출신이어서 그랬던 것 같습니다. 심 변호사는 1970년대 말, 학생 시위로 서대문구치소에 수감되었을 때 강종헌 선생을 처음 봤다고 합니다.

빨간색 수번을 달았던 고운 인상의 젊은이가 강종헌 선생이었습니다. 그는 서울의대 본과 2학년 학생이었는데, 서울의대 간첩단 사건의 주범으로 사형선고를 받고 그곳에 수감 중이었습니다.

후쿠시마 대지진에도 불구하고 도쿄에서 출발한 피해자와 가족들도 오사카 피해자들과 합류했습니다. 우리 일행이 머물던 호텔의 큰 회의실에서 변호사 다섯 명은 피해자들을 분담하여 오랜 시간 상담하였습니다.

그날의 만남이 마중물이 되어 지금까지 재일동포 조작간첩 사건 피해자 40여 명의 재심 무죄 판결을 이끌어 냈습니다.

강종헌 선생의 재심은 재일동포 사형수로서 첫 재심이라는 의미를 가집니다. 심재환 변호사는 강종헌 선생의 대리인으로 재심을 진행하였고, 마침내 2015년 무죄 확정 판결을 받았습니다.

그러나, 재심 과정은 엄청난 공격에 직면하면서 순탄치 않았습니다. 강종헌 선생은 강연에서 그의 재심 무죄를 두고 '법률적 무죄'라고 규정합니다. 여전히 '사회적 무죄'는 이루어지지 않았음을 말하고 싶었던 것 같습니다.

제가 활동하는 인권의학연구소는 강종헌 선생의 재심이 진행되던 2012년, 빠짐없이 재심 법정에 동행하였습니다. 여느 조작간첩 사건 재심과 달리 그의 서울고법 재심은 거의 1년을 끌었습니다. 검사가 1980년대 대전교도소에 함께 수감됐던 부산 미문화원 방화 사건의 김현장을 증인으로 신청하면서부터였습니다.

강종헌 선생은 재심 진행 중이었던 2012년에 통합진보당 비례대표로 총선에 나선 적이 있습니다. 선거 제도 개편으로 당시 재외국민 투표가 가능해지면서 재일동포를 대변할 후보로 출마했던 것입니다.

이로 인해 강종헌 선생은 우익 단체로부터 거센 공격을 받습니다. 통합진보당 강종헌을 국가보안법으로 구속하라, 처벌하라는 고소장과 현수막이 난무했습니다. 수감을 마치고 극우로 변

신한 김현장도 그 중 하나였습니다.

재심 법정에서 '내 친구 종헌이는 간첩이 틀림없다'는 김현장의 허위 증언 기회가 거듭 주어지면서 재판 횟수는 늘어났습니다. 재판 시간도 보통 2시간을 훌쩍 넘겼습니다. 김현장은 선동적 어투와 과장된 제스처로 무대에서 공연하듯이 장황하게 허위 증언을 늘어놨습니다. 증언 중 노래를 부르기도 했습니다.

강종헌 선생은 좁은 법정에서 증인이 바로 보이는 피고인석에 앉아 그것을 보고 들어야만 했습니다. 방청석에 앉았던 저는 분노가 일어 안정감을 잃어버렸습니다. 그러나 재판 내내 강종헌 선생의 표정과 태도는 한 점 흐트러짐이 없었습니다.

지척에서 거짓말로 자신을 공격하는 증인을 단 한 번도 보지 않고 미동하지 않고 조용히 앉아 있었습니다. 마치 광풍이 몰려온 듯 소란한 법정 안에서 저는 흔들림 없이 고요한 구도자(求道者)를 보았습니다.

고문으로 조작된 간첩 사건의 피해자들이 재심을 주저하는 것을 자주 보았습니다. 그들이 주저하는 이유는 과거 경험에서 비롯된 사법부에 대한 불신도 있지만, 재심에서 고문의 경험을 기억하고 진술해야 하는 데 있습니다. 그때의 고문 경험은 다시는 떠올리기도 싫은 트라우마 사건이 분명합니다.

실제 재심에서 무죄 선고를 받은 후, 피해자들이 트라우마 재경험의 고통을 호소합니다. 고문과 그 사건 원심에서 경험한 공포, 분노, 불신, 무력감, 죄책감 등이 재심 과정에서 그대로 재경험되는 것입니다.

조작되었던 사건의 진실을 밝히기 위해 피해자가 취할 유일한 방법은 재심뿐인데, 그 재심이 피해자를 또 고통스럽게 합니다. 강종헌 선생은 억울한 누명을 벗기 위해 재심을 결정했지만, 재심에서 옛 수감 동료가 늘어놓는 거짓 증언을 들으며 인내해야 했던 시간이 얼마나 길고 고통스러웠을지 가늠하기조차 어렵습니다. 강연에서 그는 재심 과정을 이렇게 말합니다.

"나는 1975년 조작에 의해 간첩이 되었는데, 다시 옛날로 돌아간 것 같은 그런 기시감이 들었습니다. 여기서 내가 무너지면 다른 사람의 재심도 매우 어렵게 될 거라는 비장한 각오로 힘든 공판을 이어갔습니다."

길고 고통스러웠던 재심은 2013년 1월 24일 서울고법에서 무죄 선고가 나오면서 끝나는 것 같았으나, 이제 검사가 대법원에 상고를 했습니다. 그리고 1년 7개월이 지난 2015년 8월 21일에 대법원에서 무죄 확정 선고를 받았습니다. 서울의대 간첩단 사건이 조작된 지 40년 만의 일입니다.

1975년 서울의대 간첩단 사건의 배경은 서울의대 학생 동아리인 사회의학연구회(사의연)입니다. 1970년에 설립된 사의연은 1974년 긴급조치 1호 해제를 주장하며 시위를 주동하기도 합니다. 사의연 회원인 황승주는 민청학련 서울의대 책임자로 수배되는 등 박정희 유신정권에 적극 저항했습니다.

이런 배경에서 중앙정보부는 1975년 당시 본과 2학년 학생인 재일동포 강종헌을 주범으로 내세워 서울의대 간첩단 사건을 조작한 것으로 보입니다.[20] 실제 강종헌 선생은 사의연 모임에 참석했지만, 뒷자리에 조용히 앉아 있기만 했다고 합니다. 70여 명의 사의연 회원들과 학생들이 수사기관에 불법 연행되어 고문 등 가혹행위를 당했습니다.

고문에 못 이겨 허위 자백을 하고 몇몇이 기소되면서 사건은 일단락되었으나, 이 사건으로 인해 피해자인 서울의대의 선후배, 교우 간의 관계는 쉽게 회복되지 않았습니다. 사건 이후 누구도 이것을 입에 올리려 하지 않았고, 사의연의 조직과 활동은 급격히 위축되어 소멸된 듯 보였습니다.

---

20. 최규진 〈응답하라 1975! '서울의대 간첩난 사건'〉《의료와 사회》 3, 2011, pp.205-210

서울의대 간첩단 사건은 서울의대생뿐 아니라 당시 대학생들에게는 금기어가 되었습니다. 1977년에 의과대학에 입학한 저는 한동안 서울의대 간첩단 사건에 대해 못 들었습니다. 그러다 1980년 광주민중항쟁 이후 사의연 회원이었던 김양호 선배의 권유와 지도로 매주 사회과학 독서 모임에 참여하게 되었습니다.[21]

1975년 사건 이후 사의연은 해체된 듯 보였으나, 드러내지 않고 개별적으로 교육 활동과 지역 활동을 지속했다고 합니다. 저는 매주 사회과학 서적을 읽고 토론하면서, 당시 노동 현장에 있던 신좌섭[22]을 알게 됩니다. 영등포산업선교회 의료 활동을 통해 노동운동가들도 만납니다.

한편, 사의연 회원들은 이후 신천연합의원을 설립하면서 지

---

21. 서울의대 75학번 김양호는 홍영진의 소개로 향린교회에서 활동하다 사의연에 가입. 1975년 서울의대 간첩단 사건으로 사의연의 운동 역량이 대폭 위축되고 사의연을 이끌 새로운 세대는 당국의 탄압을 피하느라 물밑에서 회원들을 모집, 활동하는 방식 택함(홍수현 〈1970-80년대 '사회의학'의 실천과 신천연합병원의 설립〉, 《인문논총》 81권 3호, 2024, pp.137-170)
22. 서울의대 78학번 신좌섭은 본과 2학년 때 자퇴 원서를 내고 노동현장으로 들어감. 당시 자퇴 원서를 낼 때 학교에서는 아무도 자퇴 이유를 묻지 않았다고 함. 그는 경기도 성남에서 10여 년간 노동 현장과 야학에서 활동한 후 복학, 입학한 지 거의 20년 만에 졸업장을 받았음. 서울의대 의학교육학교실 주임교수를 역임하면서 토론수업과 PDS 수업을 도입. 2009년부터 인권의학연구소 창립 멤버이자 이사로 재직. 2017년 《네 이름을 지운다》 시집을 펴내면서 부친인 신동엽 시인의 뒤를 이어 시인으로 등단. 2024년 3월 30일 향년 65세로 별세

역사회 운동을 시작하였고,[23] 일부 회원들은 인의협을 조직하거나 녹색병원을 설립하는 등 현재까지 의료 대중 활동을 지속하는 중입니다.

고문트라우마연구회[24] 초청으로 강종헌 산생의 강연을 마련하면서 그의 삶과 인연을 정리하게 되었습니다. 의과대학 학생들이었지만 그 시대의 아픔을 고민하며 유신독재에 저항했던 사의연 선배들의 의로운 행동과 고난도 함께 보았습니다. 그들의 고난과 희생이 결코 무의미하지 않다고 봅니다. 그 사건 이후 사의연의 지향과 활동이 현재 인의협, 녹색병원, 신천연합병원 등으로 면면히 이어지고 있기 때문입니다.

강종헌 선생은 강연에서 '사회적 무죄'에 대해 다음처럼 말합니다.

---

2 3. 1975년 사건 이후 학생운동에 대한 당국의 탄압이 강화되며 조직이 지하화했으나 노동자, 농민, 도시빈민 등 민중을 위한 의학으로서 '사회의학'의 지향은 계속됨. 1980년대 사의연은 현실의 사회의학 실천 방안을 고심했고 1986년 신천연합의원 설립으로 이어짐 (홍수현 〈1970-80년대 '사회의학'의 실천과 신천연합병원의 설립〉, 《인문논총》 81권 3호, 2024, pp.137-170)

2 4. 인권의학연구소의 부설기관으로 2023년 설립. 과거 국내 고문 피해자의 후유증에 대한 연구뿐 아니라, 지금의 난민 신청자와 강제수용 인권침해 피해자의 고문 사실을 의학적으로 진찰, 평가하고 의학적 감정서를 작성하여 법원에 제출하는 등의 활동을 수행

"(재심 무죄 이후에도) 나를 보는 여론이 그렇게 따뜻하지 않았어요. 극우 세력은 '무죄를 받았지만 죄가 없어 무죄가 아니다, 유죄를 입증할 수 없어 무죄를 준 것이다'고 합니다. 그래서 사회적 무죄를 받기 위해 노력했으나 혼자 힘으로는 안 됩니다."

국가 폭력의 가혹함은 사건 이전의 관계를 해체하는 데서 절정을 보여줍니다. 피해자와 그의 가족, 친구, 동료들은 엄밀하게 같은 피해자임에도 불구하고 사건 이후 흔히 서로를 불신하고 원망합니다. 재심에서 무죄를 받아도 크게 달라지지 않습니다, 무엇인가 빠졌기 때문입니다.

재심에서 무죄 판결이 나오면 가해자인 국가와 수사기관이 공식 사과를 하는 것이 마땅합니다. '그 사건은 모든 게 조작되었다. 정말 잘못된 것이다. 진심으로 사과한다'라고 해야 합니다. 그렇게 하지 않으면, 가해자로 인해 어긋나고 왜곡된 피해자 간 관계가 원상으로 회복되지 않습니다.

공동체가 피해자의 희생을 존경하고, 가해자의 책임을 물을 때 비로소 '사회적 무죄'가 완성 가능해집니다. 그래야 다시는 이 땅에 불행한 국가폭력이 재발하지 않을 것입니다,

강연을 통해 강종헌 선생의 삶을 따라가면서 고난의 길에서

사람의 품격을 잃지 않고 지켜낸 그의 모습을 봅니다. 강종헌 선생은 뒤늦게 배웠을 우리말을 매우 정제된 단어와 간결한 문장으로 말합니다. 그의 말은 장황하지 않습니다. 목소리도 그다지 높지 않아서 듣는 이를 집중하게 합니다. 그리고 강렬한 울림이 되어 들어옵니다.

지난날, 사람의 존엄성을 파괴하고자 했던 그 폭력에 무너지지 않고 자신을 지켜낸 그의 저항과 생존의 힘이 함께 전해집니다. 내내 건강하시기를 기원합니다.

국가폭력에 의한
진실의 왜곡

류영준

강원대학교 의과대학 교수

강원대학교 의과대학에서 진행하는 〈의학의 역사〉 수업은 몇 년 전 전국 의과대학에서 이루어진 교육과정 개편의 결과물입니다. 수십 년간 유지되던 기초의학과 임상의학, 두 축 체제에서 인문학이 추가되어 세 축 체제로 공식 전환된 후 인문학 강화를 위해 개설한 과목입니다.

하지만 전국 의과대학 중에 단순 사실 전달이 아닌 역사를 가르칠 교원이 극소수이기에 대부분 인문학 과목 내 일부 포함되는 형태가 많습니다. 그래서 단일 과목으로 개설된 곳은 강원대학교가 거의 유일한 줄 압니다.

의과대학에서 인문학 수업의 역할은 의사가 가진 편협한 시각의 한계를 극복하는 데 초점이 맞춰집니다. 특히 〈의학의 역사〉 수업에서는 의대의 가장 큰 폐해인 단순 암기를 지양하고 넓은 시야와 통찰을 확보하기 위해 수업 초반 도입부에 '진실이 무엇인가?' '진실은 존재하는가?' '진실이 바뀌기도 하는가?' '진실을 방해하는 요인은 무엇인가?' 등 역사 철학적 질문을 던지고 이를 생각하도록 학생들에게 노출합니다.

그 중 '진실을 방해하는 요인은 무엇인가?'에 대한 토론을 위해 '힘에 의한 왜곡' 사례로 학생들이 쉽고 직관적으로 받아들일 '간첩단 조작 사건 피해자 강종헌' 사례가 수업에 포함되었습니다.

이 사건 중 여러 다른 피해자보다 강종헌 선생 사례는 의과대학생들에게 더욱 중대하게 다가갑니다. '아 나와 다름없던 학생이 이런 말도 안 되는 일을 겪었고 나에게도 일어날 수 있겠구나'라는 가까움이 존재하기에 진실 왜곡에 대한 현실 이해 측면에서 큰 교육 효과를 가집니다.

아래 글은 〈의학의 역사〉 다섯 번째 시간에 진행된 내용을 정리한 것입니다.

여러분 잘 지냈습니까? 지난 수업에서 우리는 '역사란 무엇인가?'라는 제목으로 '진실은 과연 존재하는가?' 또 '일차 사료나 문헌을 볼 때 어떤 비판적인 시각으로 보아야 하는가?'를 배웠습니다. 오늘은 다큐멘터리 하나를 함께 봅시다. 그리고 잠시 휴식 후에 다큐멘터리 내용에 대하여 함께 생각해 보는 시간을 갖겠습니다.

오늘 볼 다큐는 2021년 8월 19일 KBS의 〈다큐 인사이트〉라는 프로그램에서 광복절 기획으로 방영된 것입니다. 제목은 '스파이'고 1975년 '재일동포 간첩 조작 사건'을 담았습니다.[25] 여러분에게 가늠을 사례로, 당시 서울대학교 의과대학에 재학 중이던 의대생 한 명의 사연을 보여 드리겠습니다.

(함께 시청 후) 자 여러분 어떻게 보셨습니까? 마음이 먹먹해지지요. 1975년 11월 22일 중앙정보부는 학원(대학)에 침투한 간첩단 21명을 검거했다고 발표했습니다. 기자회견 자료를 보면 이 사건을 주도하던 당시 중앙정보부 대공수사국장 김기춘이 직접 나와 "북괴의 지령에 따라 모국 유학생을 가장하여 국내에 잠입, 암약해 오던 북괴 간첩 일당 21명을 검거했다"고 말했습니다.

———
25. https://www.youtube.com/watch?v=L1ww7ytaxco&t=955s

당시 국내 유력 언론지에는 중앙정보부가 배포한 보도자료에 충실하게 그 내용을 전달했고, 21명 모두의 얼굴과 이름을 일면에 실었습니다. 그 21명 중에 강종헌 선생과 이철 선생의 이야기를 여러분께 소개하겠습니다.

강종헌 선생의 아버지는 열네 살 때 제주도에서 일본으로 건너갔습니다. 아버지는 어릴 때부터 자주 말했습니다. "너는 뭐든 좋으니 1등을 하라. 일본 사회에서 우리가 인정받으려면 하여튼 뭐든 좋으니까 1등 해야 한다."

강종헌 선생은 열네 살이 되던 해, 일본 법률로 지문 날인을 해야만 하는 것을 알고 자신이 한국인이라는 정체성에 눈을 떴습니다. 지문 날인은 범죄자들이나 하는 것이어서 자신을 범죄자 취급하는 데 대해 수치심을 넘어 분노를 느꼈습니다.

강종헌은 고등학교를 졸업하고 1971년 4월 한국에서 살고자 한국으로 왔습니다. 이때가 한국 땅을 처음 밟은 것이었고, 자신의 조국에서 가난한 사람들을 위해 봉사하겠다는 인생을 꿈꿨습니다. 1년간 재외국민 교육연구소에서 한국어를 배우고 서울대학교 의과대학에 진학했습니다.

하지만 1975년 11월 28일 그는 보안사로 연행되었습니다.

"너 평양에 갔다 왔지?" "노동당에 입당했지?" 그의 혐의였습니다. 하지만 시간이 갈수록 혐의 내용은 점점 커져만 갔습니다. 그들은 선생에게 서울의대 내에 지하조직 통혁당을 만들었다고 덮어씌우며 자백할 때까지 두들겨 팼습니다.

선생은 말했습니다. "머리는 때리지 말아달라. 손은 다치게 하지 말라." 그에게는 아직 의사가 되는 꿈에 미련이 남았기 때문입니다. 진실은 무시되었고 결국 기소되어 재판에서 사형이 확정되었습니다.

13년이 넘는 감옥 생활 끝에 가석방이 허락되어 겨우 풀려났습니다. 이후 강종헌 선생은 재심을 신청하였고 결국 무죄를 받아 복권되었습니다. 지금은 교토에 있는 도시샤(同志社) 대학에서 평화학(平和學)을 가르칩니다.

이철 선생의 아버지는 경북 의성에서 일곱 살 때 일본에 왔습니다. 구마모토에서 나고 자란 재일동포 2세인 이철 선생은 1967년 주오대학(中央大學) 이공학부에 입학했습니다.

주오대학에는 '코리아문화연구회'라는 동포 학생 모임이 있었습니다. 선배의 권유로 이 모임에 나간 선생은 동포 학생들이 모두 한국 이름을 쓰는 것을 보았고 그렇지 못한 자신에게 부끄러움을 느꼈다고 합니다. 그래서 자신의 일본식 이름을 고치고

자 했던 선생은 먼저 학생증부터 고쳐야겠다고 생각했습니다.

학적과에 가서 "나는 이런 이름이 아니고 사실은 이 철입니다"라고 말하자, 학적과 직원이 "후회하지 않겠냐"는 물음이 돌아왔습니다. 재차 확인의 말에도 후회하지 않는다고 말했습니다. 이때 자신은 이제부터 한국 사람으로 살겠다고 다짐했다고 회상했습니다.

대학을 졸업한 이철 선생은 한국 유학을 결심했고 1973년 고려대학교 대학원 정치외교학과에 입학했습니다. 유학 생활 중 숙명여대에 다니던 민향숙 선생을 만나 연인이 되었습니다. 둘은 대학원을 졸업하는 1976년 3월에 결혼식을 올릴 예정이었지만, 결혼식을 몇 달 앞두고 모두 남산으로 끌려갔습니다.

묻고 따지는 것도 없이 마구 맞았습니다. 그들은 그를 흠씬 두들겨 패고는 그에게 "너 약혼녀 있지? 너 보는 앞에서 하나하나 범할까?"라고 한 후 이어서 날아온 물음은 "너 북한에 갔다 온 거 맞지?"였다고 합니다. 이철 선생은 자기도 모르게 저절로 "네, 맞습니다"라고 대답했다고 합니다. "몇 번 갔다 왔어?" "2번 갔다 왔습니다." "세 번 갔다 온 것 아니야?" "네, 세 번 갔다 왔습니다." 선생은 혀를 끊어 자살하려 했지만 이루지 못했다고 합니다.

1977년 3월 이철 선생은 대법원에서 사형이 확정되었고, 약혼녀 민향숙 선생은 방조죄로 3년 6개월의 실형을 받았습니다. 일본에 있던 이철의 부모는 사형선고에 충격을 받아 세상을 떠났습니다. 선생은 1988년 13년의 감옥생활 끝에 특사로 풀려났고, 결국 재심을 통해 무죄를 받아 복권되었습니다.[26]

잠시 쉬었다가 이야기를 이어나가기로 하겠습니다.

잘 쉬었습니까? 여러분과 비슷한 나이에 이들은 자신이 하지도 않은 일을 했다고 거짓 증언을 해야 했습니다. 조작된 진실은 국가가 공인하는 법정에서 가려내지 못했고, 그들에게 사형을 선고했습니다. 주위 사람들은 자신을 믿어주지 않고 언론에서 말하는 조작된 진실을 믿고 자신들을 멀리했습니다.

부모님들과 형제들도 멀어지고 20대 꿈 많았던 그들의 인생은 그렇게 엉망이 되었습니다. 뒤늦게나마 그들이 저지르지 않았다는 걸 인정받았고 복권되었지만 복구되지 못할 세월이 할 말을 잃게 합니다.

여러분, 이것은 영화가 아니라 불과 50년 전에 한국에서 일어났던 실화입니다. 지금도 당시 중앙정보부 대공수사국장이었던

---

26. 김효순 《조국이 버린 사람들-재일동포 유학생 간첩 사건의 기록》 서해문집 2021

김기춘이 살아 있을 만치 가까운 과거입니다. 국가권력에 의한 조작이라는 극단적인 예를 들었지만 이런 조작은 드물지 않은 일입니다.

여러분이 이전 시간에 알게 된 것은 역사의 객관적인 사실이나 진실은 있을 수 없다는 것입니다. 하지만 이들 사례에서 볼 수 있듯이 사람을 못 쓰게도 하고 사실을 조작할 수도 있는 것이 권력이라는 점을 알아야 합니다. 이런 사례는 한국뿐 아니라 세계 여러 곳에서, 인간이 사는 곳에서는 다 일어날 수 있습니다. 공권력뿐만이 아니겠지요. 증거를 조작하고 사실을 말하지 못하게 하는 힘이 다른 이야기를 만들어 낼 수 있습니다.

이렇게 역사란 온갖 이해관계와 권력투쟁의 장이자, 온갖 해석들이 난무하고 경쟁하는 장입니다. 그래서 모든 판단은 온전히 역사가의 해석을 읽는 독자의 몫입니다. 비판적인 확인 작업을 하지 않으면 남이 만들어 놓은 진실을 그대로 받아들일 수밖에 없음을 여러분께 보여 드렸습니다.

우리가 어떤 것에 대해 알고 있다는 것은 무엇일까요? 이제 그 안에 어떤 의미가 포함되었는지 생각해 보지 않을 수 없습니다. 이미 우리가 안다 해도 그 속에는 확인된 사실과 거짓이 함께 들었습니다. 전문가에 의해 기록된 역사라도 거짓이 있을 수 있으며, 저잣거리의 소문에도 진실이 섞인 것이지요. 전문 역사가의 기록이라 하더라도 여러 관점이 포함되며 증거의 취사가 있었을 것이고 전체가 아닌 부분일 경우가 많아 완전치 않습니다.

한국 근대사에서 점령군이던 일본과 미국의 입장은 언론을 통해 받아들여진 흔한 시선이었습니다. 피지배자였지만 주인공인 조선과 한국의 시선이 흐려질 때도 지배자의 시선은 당연히 남습니다. 그것은 자신의 생존과 이익이 눈앞에 있을 때 더욱 극명해집니다.

흔히 사람은 자신이 믿고 싶은 것을 믿는다고 합니다. 개인이나 소수의 권력 집단이 그런 것은 말할 것도 없고 민족이나 국가와 같이 규모가 커질수록 의도된 완전치 않음을 선택할 때가 흔합니다. 개인 간에 인식하는 사실이 서로 다를 때 우리는 오해라고 부르고 자신의 말이 맞다고 싸우기 시작합니다.

만약 힘 있는 자가 말하는 주장이 터무니없고 약한 자가 말하는 주장이 더 사실에 가까워도 결과는 힘 있는 자가 굴복시키고 다수가 소수를 밀어내는 방법으로 진실이 둔갑할 수도 있습니다. 이런 식의 큰 오해가 민족이나 국가 간에 벌어지면 극단적인 경우 전쟁으로 이어질 수도 있겠지요. 그래서 역사를 자신의 시선으로 바꾸는 '공정'이 정권에는 중요하게 생각하는 것입니다.

의도하였든 아니든 앎의 완전치 않음은 파괴적인 결과를 가져옵니다. 진실이 힘을 얻을 때도 있지만 현실에선 그렇지 않을 때도 많습니다. 거짓을 이겨내고 진실이 일어나더라도 누군가의 인생을 다 부술만한 노력 후에 얻어지는 희생의 대가인 경우가 많습니다.

역사가 지거리스트(Henry E. Sigerist)는 그의 책 《문명과 질병》[27]에서 이렇게 말했습니다.

'역사를 기술하는 일에는 커다란 책임이 따른다. 역사가는 사료적 증거를 확보하지 않은 채 자의적인 언행을 해서는 안 된다. 진실한 역사만이 가치가 있으므로 역사가가 기술한 과거는 진실이어야만 한다. 거짓된 역사, 무비판적이거나 경솔하게 쓰인 역사, 선전 목적으로 쓰인 역사는 항상 파괴적인 결과를 낳았다.'

---

2 7. 헨리 지거리스트 《문명과 질병 Civilization and Disease》 황상익 옮김 한길사 2008

그의 말대로 진실이 아닌 것은 항상 파괴적인 결과를 낳았습니다. 저는 여기서 한발 더 나아가서 진실도 파괴적이라 말합니다. 단지 그 파괴의 대상이 거짓과 거짓을 말한 사람과 그 부산물이라는 것이지요. 진실의 파괴력은 진실이 드러나 싹틀 수 있는 그런 밝고 정의로운 파괴라고 하겠습니다.

거짓이 불러온 밝은 결과라도 진실이 발을 붙이지 못하게 하는 어두운 면을 가집니다. 하지만 진실이 불러온 파괴적인 결과라도 그것은 진실이 숨 쉴 만한 다른 미래를 열어 줄 것이므로 소중한 것입니다.

오늘 수업은 이것으로 마치겠습니다. 수고했습니다.